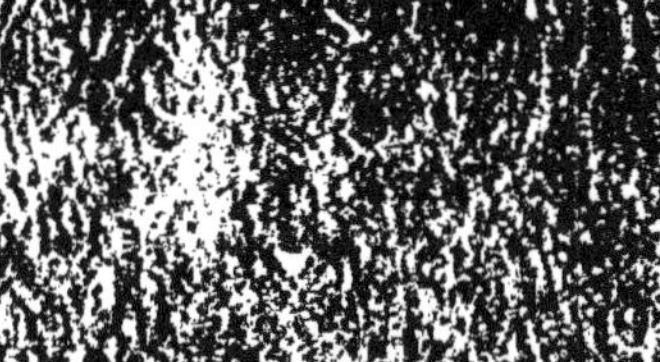

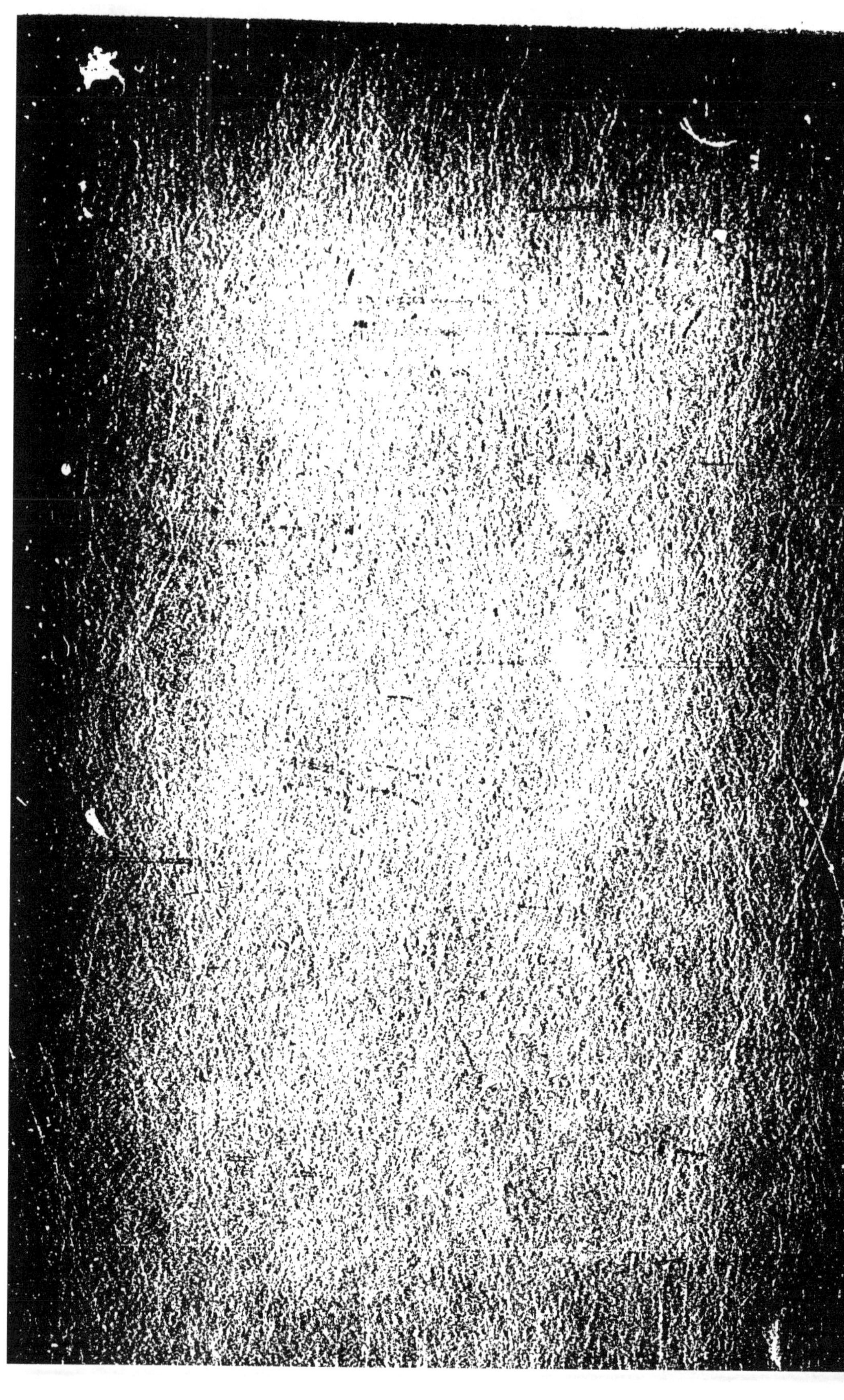

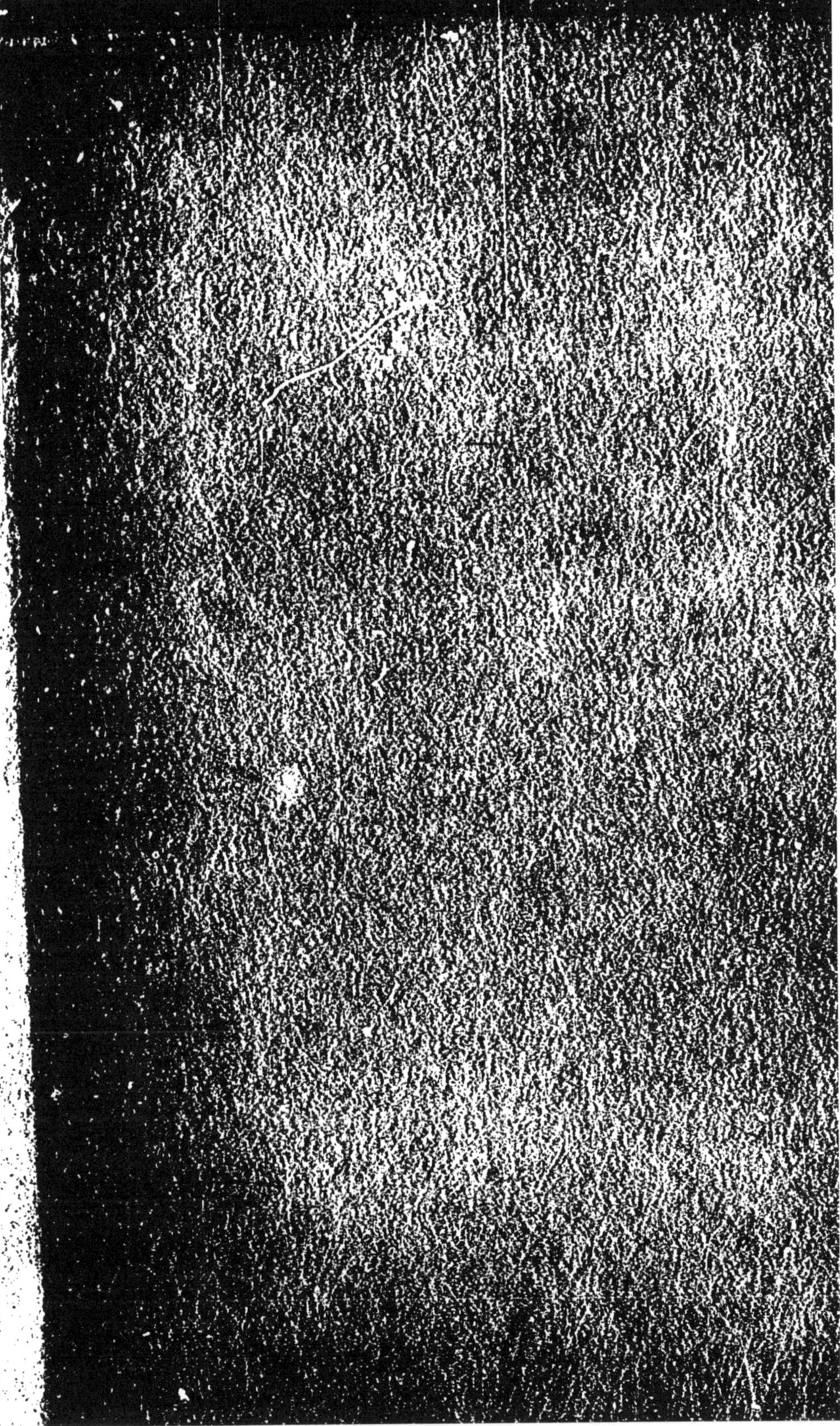

Les Idées du Sillon

Cette nouvelle édition a été déposée, conformément aux lois, en septembre 1905.

L'Abbé Emmanuel Barbier

Les Idées du Sillon

ÉTUDE CRITIQUE

Troisième édition

REVUE ET AUGMENTÉE

Avec approbations de NN. SS. les Archevêque et Evêques
de Cambrai, Beauvais,
Montpellier, Nancy et Quimper

POITIERS
LAIS & ROY, IMPRIMEURS
7, RUE VICTOR HUGO, 7

PARIS (VIe)
LIBRAIRIE P. LETHIELLEUX
22, RUE CASSETTE, 22

APPROBATIONS

Cambrai, le 14 août 1905.

Monsieur l'Abbé,

J'ai lu avec attention la brochure que vous avez publiée sur *les Idées du Sillon.* Votre but a été d'éclairer cette association catholique, et non de la combattre ; vous avez voulu lui signaler des erreurs échappées à son inexpérience et à son extrême ardeur, mais non la décourager. C'est donc un service que vous lui rendez, et je ne doute pas que sa généreuse loyauté ne vous en sache gré.

Recevez, monsieur l'Abbé, l'assurance de mon respect en N. S.

† M. A. Sonnois,
Archevêque de Cambrai.

Beauvais, le 31 août 1905.

Monsieur l'Abbé,

Ecrivant dernièrement à M. Marc Sangnier, j'ai béni ses ardeurs généreuses. Mais je reconnais le bien fondé de la plupart des critiques que vous faites de ses conceptions démocratiques dans votre brochure « les Idées du Sillon ». Evidemment il y a beaucoup à reprendre. Espérons que la dernière évolution de M. Marc Sangnier et de ses amis se fera dans le sens des véritables enseignements de l'Eglise.

Agréez, monsieur l'Abbé, l'assurance de mes sentiments dévoués.

† Célestin Douais,
Evêque de Beauvais.

Montpellier, le 13 août 1905.

Frappé des excellentes raisons que vous faites valoir contre les théories professées par *le Sillon*, et touché du péril que de pareilles doctrines font courir à la vraie foi, surtout parmi les jeunes gens à qui elles sont offertes, je vous félicite, monsieur l'Abbé, d'y avoir apporté, avec une très grande exactitude et une clarté non moins grande, la vigueur d'une réfutation autorisée par votre longue expérience de théologien ennemi de la nouveauté et zélé pour l'orthodoxie la plus scrupuleuse.

† Fr. M. A. de Cabrières.
Evêque de Montpellier.

Nancy, le 21 juillet 1905.

Monsieur l'Abbé,

J'ai voulu lire avec la plus grande attention votre brochure intitulée : *les Idées du Sillon*, avant de réaliser votre désir, en vous disant sur cette brochure toute ma pensée.

Vous avez, avec une extrême bienveillance pour les personnes et la plus grande modération dans la forme, établi sur des documents et des textes que vous citez à chaque page une irréfutable démonstration.

Monseigneur Turinaz résume alors les doctrines du *Sillon* et en montre la fausseté. Nous faisons quelques emprunts à ce grave document dans le cours de cette nouvelle édition. Puis, Sa Grandeur réfute avec vigueur les objections qu'on pourrait élever contre cette étude critique et conclut qu'il faut ou la réfuter ou condamner *les idées du Sillon*.

On trouvera cette seconde partie de sa lettre aux Appendices.
Elle se termine par ces mots :

C'est vous dire quelles sont pour votre brochure, si puissante et si opportune, mon approbation et ma reconnaissance.

Recevez, monsieur l'Abbé...

† Charles-François.
Evêque de Nancy.

Quimper, le 12 juillet 1905.

Bien cher monsieur l'Abbé,

J'ai lu avec beaucoup d'attention et d'intérêt votre opuscule *les Idées du Sillon*. Je suis persuadé que les attaques ne vous ont pas manqué, c'est pourquoi je tiens à vous envoyer mes sincères félicitations.

L'esprit du Sillon, qui aime à se couvrir d'un extérieur religieux et catholique, cache, sous des expressions plus ou moins équivoques, un libéralisme mille fois plus pernicieux que celui qui fut condamné par le *Syllabus*.

Je souhaite donc que votre écrit soit lu et médité par tous ceux qui ont à cœur l'avenir de l'Église catholique en France.

Veuillez recevoir...

† François-Virgile.
Evêque de Quimper et de Léon.

Sous ce titre : *Note de l'évêché relative au « Sillon »*, la *Semaine Religieuse* du diocèse de Soissons publie le communiqué ci-après :

Quelques ecclésiastiques et plusieurs catholiques laïques ont récemment consulté l'Autorité diocésaine pour avoir son avis par rapport au *Sillon* et au concours qu'ils doivent donner à son œuvre. Il est utile de leur répondre.

La Note loue très justement les intentions et l'ardeur juvénile des catholiques du *Sillon*, et rappelle les hauts encouragements qu'ils ont reçus et poursuit :

Mais il semble, depuis quelque temps, que *le Sillon* commence à s'émanciper. Le Saint-Père Pie X, son protecteur, dans une lettre du 4 janvier dernier, lui avait conseillé *d'éclairer certains points de son programme, de suivre toujours et uniquement les enseignements de l'Église catholique, et de joindre ses forces à celles des autres catholiques pour ne point réduire les avantages de l'unité d'action;* il n'a pas suffisamment été entendu.

En se donnant la redoutable mission de faire l'éducation démocratique du pays, *le Sillon* a assumé une tâche méritoire et utile, mais d'autant plus délicate et périlleuse.

Or, comme la jeunesse est naturellement présomptueuse et forcément dépourvue d'expérience et de connaissances longuement élaborées, elle a, plus que personne, besoin de conseils et de lumières.

Les Encycliques des Papes, de Léon XIII surtout, doivent être son manuel, les évêques doivent être ses guides, et aussi graves que puissent être certaines remontrances, ils sont, après le Pape, ses légitimes censeurs, comme tous les vrais catholiques sont ses amis et ses soutiens légitimes.

Pour cela, il faut au *Sillon* l'obéissance et la charité.

Il faudrait même, — qu'on pardonne ce dernier conseil à la faiblesse de notre intellect, — qu'il parlât toujours une langue intelligible. Même quand on a la prétention d'enseigner des doctrines nouvelles, alors surtout, il est bon de parler et d'écrire notre vieille langue.

Nous lisons dans la *Semaine Religieuse* du diocèse de Cambrai, sous ce titre : Avis aux pères de famille :

Les dernières conférences du *Sillon*, à Roubaix et à Lille, ont mis bien des pères de famille, bien des directeurs de nos collèges ou de nos œuvres de jeunesse dans un état de conscience assez perplexe. Doivent-ils engager leurs jeunes gens à entrer dans *le Sillon* ou doivent-ils les en détourner?

S'ils veulent se prononcer en connaissance de cause, ils n'ont qu'à lire un opuscule édité par la maison Lethielleux, à Paris, et écrit par M. Emmanuel Barbier : Les Idées du « Sillon », Étude critique.

Pas une ligne de cet opuscule qui ne soit à lire et à peser. L'auteur s'efface autant que possible. Il veut que le lecteur puisse se prononcer lui-même, pièces en mains ; et c'est pourquoi il a laissé *le Sillon* exposer par ses propres écrits ses idées et son dessein.

A chacun de voir si ces idées sont de celles dont on puisse favoriser l'entrée dans la tête des jeunes gens, si ce dessein est de ceux qu'on puisse les engager à poursuivre.

LES IDÉES DU SILLON

AVANT-PROPOS

A l'occasion du dernier congrès général du Sillon (février 1905), le cardinal Merry del Val a adressé au cardinal Richard une lettre que le Sillon a passée sous silence autant qu'il a pu.

Cette lettre, obtenue près de six semaines avant le congrès, n'a été insérée dans *le Sillon* qu'un mois après, et n'y figura qu'en dernière page, dans la chronique, à peu près comme un fait-divers (1).

« Eminentissime et Révérendissime Seigneur,

« Sa Sainteté a été informée en même temps de

(1) Le document est daté du 4 janvier, le congrès s'ouvrait le 25 février, et c'est dans *le Sillon* du 25 mars que l'insertion a été faite. L'auteur a été informé que la publication en a été retardée par la volonté du cardinal Richard jusqu'au jour du Congrès. Il reste permis de penser que, même sans empressement, le Sillon aurait pu le faire paraître dans son numéro du 10 mars, et surtout en meilleure place. D'ailleurs, une simple remarque suffira pour montrer qu'il n'y a point ici de méprise. Pendant que *les Idées du Sillon* s'imprimaient, M. Marc Sangnier a fait paraître un petit livre intitulé : *Le Sillon, esprit et méthodes*. Il y enregistre les encouragements reçus de Rome, et en particulier la présente lettre, qu'il cite presque en entier (p. 73). Mais, précisément, il omet le passage souligné ici. Nous sommes donc bien d'accord.

la réunion prochaine, dans votre capitale, d'un congrès des jeunes gens du Sillon et de la bienveillance que Votre Eminence leur assurait pour la réalisation de leur projet. Le Saint Père en a éprouvé une vive satisfaction, en faisant remarquer une fois de plus que les sentiments de Votre Eminence répondent merveilleusement à ceux que lui a inspirés son grand amour pour la France. »

Dans cette lettre, Pie X loue les œuvres multiples d'action catholique et sociale dues à l'initiative de simples laïques qui, par leur condition même, sont plus à l'aise dans l'accomplissement de ces œuvres que ne le seraient les prêtres. Il peut y avoir diversité de méthodes entre les Associations formées par ces laïques zélés ; « ce qui importe, c'est l'unité de l'esprit, rendue manifeste grâce au lien de paix.

« Le Saint-Père... a éprouvé une sainte joie du bon esprit qu'il a constaté aussi bien chez la Jeunesse catholique que chez les membres de l'Association du Sillon.

« *En ce qui regarde ces derniers, le congrès annoncé vient à propos pour faire connaître encore mieux leurs intentions droites et leurs louables desseins. Il peut servir à éclairer tels points de leur programme qui, pour certains, n'ont pas paru peut-être assez lumineux : il fournira l'occasion aux chefs de l'Association d'affirmer qu'en fait de doctrine ils entendent suivre toujours et uniquement l'Église catholique et qu'en fait d'at-*

titude, s'ils devaient intervenir dans les affaires publiques, ils se proposeraient de joindre leurs forces à celles des autres catholiques, auxquels l'autorité ecclésiastique se montrerait favorable, afin qu'en aucune manière ils ne puissent réduire, par leur faute, les avantages de l'unité d'action.

« C'est pour ces motifs que Sa Sainteté loue Votre Eminence de la faveur déjà accordée aux jeunes gens du Sillon... (1). »

On peut et on doit inférer de cet acte que les encouragements et les éloges donnés au Sillon par les premiers représentants de l'Église, s'ils visent directement les intentions louables et le zèle de ses membres, admettent, voire même, stipulent des réserves sur leur programme et leur conduite.

Les approbations de l'épiscopat ne sauraient évidemment avoir une plus haute portée ; et *le Sillon* risquerait fort d'excéder par présomption, s'il en attribuait une autre, fût-ce aux applaudissements de l'*Église universelle*, qu'il se flatte de recueillir (2).

Nous sommes de ceux qui estiment qu'en fait

(1) On a reproché à l'auteur d'avoir omis, par mauvaise foi, la fin de la lettre et les témoignages de bienveillance qui s'y trouvent encore. — Est-ce que les dispositions favorables sont plus déguisées que les avis dans notre analyse? Est-ce que, si l'auteur avait voulu dissimuler les éloges, il ne s'en serait pas tenu aux avertissements, qui seuls venaient à son sujet? Il est vrai que le « *Au large* », organe des sillons du Centre, dont émane cette imputation, est le même qui note dans *les Idées du Sillon* une théologie suspecte, empreinte de naturalisme, de rationalisme, et « qu'on est étrangement surpris de rencontrer sous la plume d'un prêtre » tout en s'abstenant « charitablement » de relever aucune proposition.

(2) « Que nos amis ne s'effraient donc pas, qu'ils continuent, *bénis et encouragés par l'Eglise universelle*, leur lutte pour la démocratie. » (*Le Sillon*, 25 février 1905.)

de doctrine et en fait d'attitude certains points du programme du Sillon ont besoin d'être mieux mis en lumière.

Cet écrit a pour but d'y contribuer.

—

Le Sillon s'est donné la mission hardie de faire l'éducation démocratique du pays.

Cette mission pouvait tenter ses jeunes ambitions ; mais elle est grave et redoutable, et il n'est personne qui ne comprenne quelles garanties on est en droit d'attendre, surtout quand, avec une insistance de chaque jour et de chaque heure, il prétend intéresser de si près et la foi et le Christ à son entreprise, et établir une étroite harmonie entre elle et les principes de la religion.

Cette étude critique des idées du Sillon est principalement une étude des idées du chef qui est le grand inspirateur de ce mouvement, qui en est le théoricien et l'oracle.

Loin de nous la pensée de mettre en cause l'universalité des groupements rattachés au Sillon. Nombre d'entre eux restent étrangers aux spéculations périlleuses et sont composés de jeunes gens donnant l'exemple d'une activité, d'un dévouement et d'un zèle pour la défense religieuse et sociale qui méritent vraiment des éloges sans restriction.

Mais il n'en est pas de même partout. En serait-il de même longtemps ? Ce sont les idées qui mènent le monde. M. Marc Sangnier remue trop puissamment le Sillon dans lequel il jette les siennes, pour que cette moisson ne germe pas.

AVANT-PROPOS

DE LA TROISIÈME ÉDITION

Cette troisième édition ne comporte aucun changement, mais des améliorations de forme et des additions nombreuses.

Les sources nouvellement ouvertes, d'où ces additions proviennent en grande partie, sont : *le Sillon*, Lettre de Monseigneur Turinaz à l'auteur; *le Sillon*, *Esprit et méthodes*, par M. Marc Sangnier; *Par la mort*, drame social par M. Marc Sangnier.

On pourra trouver les appréciations sur ce drame plus rigoureuses; mais il est impossible de ne pas juger sévèrement une œuvre aussi malsaine.

LE SILLON

Plusieurs seraient tentés de dire : Mais, tout d'abord, qu'est-ce donc au juste que le Sillon? et la réponse, une réponse précise, embarrasserait peut-être ceux-là mêmes qui l'auraient crue toute simple.

« Il est impossible de décrire avec exactitude et d'une façon définitive ce qu'est le Sillon (1). »

« Il est, en effet, de certaines expressions, comme l'*amitié du Sillon*, *l'esprit du Sillon* et tant d'autres, qui sont complexes, qui enferment en elles tant d'expériences vécues, tant de sentiments éprouvés, que l'explication que l'on en peut donner n'est jamais que fragmentaire, qu'on les comprend avec tout son être plutôt qu'avec son seul cerveau (2). »

« En principe, dit M. Marc Sangnier, le Sillon n'est autre qu'un *mouvement social*, ayant pour but de mettre au service de la démocratie en France les forces sociales du christianisme (3). »

Est-ce une œuvre? — Sa méthode est expérimentale, « et voilà pourquoi le Sillon n'est pas une œuvre, s'il

(1) M. Marc Sangnier, *le Sillon. Esprit et méthodes* (p. 5).
(2) *Le Sillon*, 10 septembre 1904.
(3) *L'Univers*, 26 février 1905. — Le Sillon est donc une tentative de jeunes démocrates français affirmant qu'ils ont besoin, pour réaliser leur démocratie, des forces sociales du catholicisme. (*Le Sillon*, 25 août 1904.)

est vrai que, pour être du Sillon, il est plus nécessaire encore de juger la vie d'une certaine façon, de regarder les choses sous un certain biais, *que de s'occuper d'œuvres sociales proprement dites* (1)... »

« Son organisation n'a pas été décidée a priori, mais s'est élaborée lentement et sûrement, sous l'action des nécessités et des besoins. Aussi bien le Sillon est-il avant tout un mouvement, c'est-à-dire quelque chose qui progresse et qui marche (2). »

« Nous laissons les individus comme les groupes venir doucement à nous et nous quitter quand ils veulent, comme ils veulent; ou, plus exactement, si *l'âme du Sillon* est en eux, s'ils pensent, s'ils sentent, s'ils aiment avec nous, s'ils jugent que rien n'est plus grand, plus profond, plus digne d'être aimé que la *cause* que nous servons, s'ils acceptent volontairement cette admirable discipline de l'amour qui fait notre invincible cohésion, alors, ils sont de la grande famille du Sillon, ils sont nous-mêmes (3). »

« Remarquons d'abord que, le Sillon étant, avant tout, une *union morale*, tous ceux qui ont nos *tendances*, adoptent nos *méthodes* et poursuivent le même *but* en esprit d'amitié avec nous, sont du Sillon (4). »

On voit tout ce que cette méthode a d'enveloppant.

C'est même un spectacle intéressant de suivre les phases de ce mouvement qui, sans être une œuvre,

(1) *L'Esprit démocratique*, par M. Marc Sangnier, 1905, p. 86. — Puisque le Sillon se préoccupe moins d'être un centre d'œuvres sociales que de créer un mouvement, un état d'esprit, on se tromperait donc beaucoup en refusant d'attacher une grande importance aux *idées du Sillon*, sous le prétexte de ne voir dans cette association qu'une œuvre sociale répondant à nos besoins pratiques.

(2) *L'Esprit démocratique*, p. 161. — « Le Sillon n'est pas à proprement parler une *œuvre*, mais une vie. » (*Le Sillon. Esprit et méthodes*, p. 78.)

(3) *L'Esprit démocratique*, p. 258.

(4) *Le Sillon*, 2 août 1904.

aboutit néanmoins à une Association solidement organisée.

Le moyen de savoir si les individus et les groupes avaient l'âme du Sillon, n'était-ce pas de les inviter, de les convoquer à de grandes réunions, à des congrès où l'on s'éprouverait de part et d'autre?

« Nous tenons à être sincères avant tout, dit M. Marc Sangnier; nous avons toujours été adversaires de ces unions de groupes vagues et imprécises dans lesquelles on embrigade à force d'équivoques tous les jeunes catholiques, et qui petit à petit sont accaparées au profit d'une Association. Nous voulons que l'on ne vienne au Sillon que dans sa pleine conscience et avec toute son âme (1). »

En conséquence, le Sillon organisa, sous le nom de *Congrès nationaux des Cercles d'Études de France*, des congrès présidés par M. Marc Sangnier, où les groupes isolés, et ceux rattachés à d'autres Associations similaires et plus anciennes furent invités à envoyer des représentants.

« Quand le Sillon a pris, en 1901, l'initiative des Congrès nationaux, des Cercles d'Études, des Instituts Populaires, ce fut avec l'intention de donner une certaine cohésion à tous ces Cercles d'Études, qui, à part la région du Sud-Est, se trouvaient isolés à travers toute la France. *A ce moment, le Sillon ne cherchait qu'à répandre ses idées, qu'à faire pénétrer dans les Cercles son esprit, ses méthodes qui commençaient à se préciser* (2). »

Deux ans après, au Congrès de Tours, en février 1903, le moment parut déjà favorable pour tenter une *fédération nationale des Instituts Popu-*

(1) *Le Sillon*, 10 mars 1905.
(2) *Le Sillon*, 10 mars 1905.

laires préparant celle des *Cercles d'Études*. Mais, à l'épreuve, le projet se trouva prématuré.

« On a parlé beaucoup des Cercles d'Études et des Instituts Populaires à ce Congrès, — dit un compte rendu indépendant — on a même fait une fédération nationale des Instituts Populaires. Il y a là quelque chose qui a paru très vague, très peu net à beaucoup d'assistants. Le lien du Sillon avec les six cents Cercles d'Études dont les rapporteurs faisaient état a semblé bien ténu. On a dit que ces six cents Cercles n'étaient point tous fondés par le Sillon, mais qu'ils avaient « l'esprit du Sillon ». Est-ce bien certain? Et peut-on affirmer que ces Cercles ont « l'âme commune » parce qu'ils sont abonnés à une revue et que quelques-uns envoient à l'occasion des délégués au Congrès des Cercles d'Études? En fait, il existe par toute la France un réseau de Cercles d'Études se rattachant à des organisations diverses. Aussi s'explique-t-on que le Sillon ne possède pas la liste des Cercles d'Etudes qu'il considère comme ses adhérents, et quand on a demandé de l'établir et de la publier, on a encore fait des réserves (1). »

« Il se trouva dix-sept Instituts Populaires pour constituer la fédération nationale, encore ce titre fut-il accordé séance tenante, et sans aucun examen de leurs titres, à des Cercles d'Etudes inconnus jusque-là du Sillon. »

Mais alors, concluait-on, « si c'est une fédération des Cercles d'Études qui est le but réellement poursuivi, comment se fait-il que les six cents Cercles à fédérer ne soient pas tous des créations du Sillon et que l'on n'en ait même pas la liste? Est-ce suffisant pour prétendre leur imprimer l'âme et la direction communes (2)? »

M. Marc Sangnier présente donc très inexactement l'objection soulevée, quand il écrit :

(1) Le journal *la Sarthe*, 22 février 1903.
(2) Même compte rendu.

« On nous disait autrefois « : Engagez-vous à ce que le Sillon ne soit jamais qu'un simple mouvement d'idées, à ce qu'il ne serve jamais de lien entre les groupes, à ce qu'il ne s'organise pas enfin. » Et nous avons répondu que nous ne saurions avoir le droit d'engager l'avenir, car l'avenir n'est pas à nous, mais à Dieu, et le Sillon sera ce que Dieu voudra (1). »

On lui reprochait seulement de trop hâter cet avenir.

Depuis lors, le temps a fait son œuvre, l'action du Sillon s'est étendue, a pénétré ; et aujourd'hui l'assimilation est assez heureusement faite, les fondations nouvelles sont assez nombreuses et assez vivantes, pour que le congrès de février 1905 ait adopté le vœu suivant :

« Le IVe Congrès national des *Cercles d'Études de France*, reconnaissant que le Sillon, dont l'initiative a promu en France les Congrès nationaux de Cercles d'Études, s'est développé récemment par la création de Jeunes Gardes, d'offices sociaux, d'œuvres économiques, etc., et par la fondation des Sillons de Province, si bien que les anciens congrès ne correspondent plus à ces besoins actuels ; considère que l'évolution naturelle des Congrès nationaux tels que le Sillon les a primitivement conçus aboutit logiquement à l'organisation de *Congrès nationaux du Sillon*. Il décide donc que, l'année prochaine, le Congrès national des Cercles d'Études sera remplacé par un 1er Congrès national du *Sillon*. »

« Aussi bien, lit-on encore dans le compte-rendu, le Congrès national des Cercles d'Études de France a-t-il voulu se donner au Sillon, c'est-à-dire à toute cette vie démocratique dont le Sillon lui apparaissait comme l'ex-

(1) *Le Sillon. Esprit et méthodes*, p. 82.

pression à la fois la plus homogène et la plus compréhensive (1). »

Le Sillon a eu la sincérité méritoire de publier dans son numéro du 25 mars 1905 le compte-rendu suivant :

« L'Association de la Jeunesse Catholique de Reims, après avoir entendu l'exposé de la situation, fait par son président, au nom du Bureau ;

« Constatant qu'une propagande active de la part du Sillon aboutit à faire le vide autour de la Jeunesse Catholique, à détourner d'elle tous les concours qui auraient pu assurer son avenir, et même à détacher d'elle les concours qui lui étaient acquis, avec l'intention plus ou moins déclarée de substituer à la Jeunesse Catholique un Sillon rémois ;

« Que cette propagande a acquis en particulier les Cercles d'Études de jeunesse, rendant ainsi impossible le groupement d'ensemble que la Jeunesse Catholique avait pour but de constituer sous son nom, tout en respectant l'autonomie des groupes particuliers ;

« Que, par conséquent, la Jeunesse Catholique ne peut plus se recruter d'une façon suffisante pour subsister utilement et qu'elle n'est plus en état de remplir la mission qu'elle s'était proposée ;

« Estimant que, dans l'intérêt même du bien, il est préférable qu'elle se retire de suite, afin d'éviter des rivalités fâcheuses entre les jeunes gens et afin de permettre au mouvement du Sillon de s'organiser définitivement ;

« Déplorant que l'intervention d'une influence regrettable ait fait échouer l'entreprise qu'elle avait commencée sous le patronage de l'autorité, et qu'elle pouvait espérer mener à bien ;

« Se déclare dissoute,

(1) *Le Sillon*, 10 mars 1905.

« Remercie tous ceux qui lui ont donné leur concours ou témoigné leur intérêt. Engage instamment ses membres à continuer leur œuvre dans la nouvelle organisation du Sillon, dès qu'elle se constituera. »

On lit encore dans *le Sillon* du 25 juillet 1905 cette note énigmatique sur le Sillon de Dunkerque :

« Depuis longtemps plusieurs de nos amis de Dunkerque étaient pénétrés de l'esprit du Sillon. N'avaient-ils pas reçu, dès 1901, la visite de Marc et en 1904 celle de Ch. d'Hellencourt? N'avaient-ils pas délégué des camades à toutes nos grandes réunions nationales ou régionales? Mais ils participaient jusqu'à présent aux œuvres de jeunesse catholique, ils comptaient parmi les membres les plus actifs et les plus dévoués. Les progrès même de leur pensée, l'accentuation plus nette donnée aux groupements existants dans le sens de l'A. C. J. F., le devoir même de la loyauté obligeaient à changer cette situation. Elle a été modifiée et, il faut le dire, malgré quelques inévitables froissements, d'un commun accord et sur le pied de l'entente cordiale. Qui pourrait, en effet, contester à nos camarades de Dunkerque le droit d'être du Sillon et d'en avoir l'esprit, et partant celui de le dire tout haut et de s'organiser entre eux? Le Sillon dunkerquois est constitué, sous la présidence de notre excellent camarade G. Vandenbussche, et c'est, avec la fin d'une situation qui eût pu amener des malentendus, une force nouvelle pour le catholicisme à Dunkerque. »

L'originalité du Sillon, sa note distinctive parmi les œuvres catholiques et sociales, n'est donc pas d'avoir suscité les groupements de jeunes catholiques, quoiqu'il soit juste de lui attribuer une part notable dans leur développement.

Ce n'est pas non plus de se consacrer à la restauration de l'ordre social chrétien. En cela il ne fait qu'entrer dans un concert de dévouement où d'autres Associations l'ont précédé, comme le rappelle la lettre du cardinal Merry del Val, citée plus haut :

« Ainsi s'explique que l'Association de la Jeunesse Catholique et la société plus récemment fondée du Sillon aient pu, en peu de temps, s'étendre et se développer sur la terre de France. »

Sans parler de l'œuvre des Cercles catholiques, l'*Association catholique de la Jeunesse française* n'a pas d'autre but que cette restauration. Ses premiers statuts, remontant au mois de mai 1886, portent déjà que ses membres sont associés « pour coopérer au rétablissement de l'ordre social chrétien ». « Vous ne voulez pas seulement combattre les ennemis de votre foi..., écrivait M. de Mun au président M. de Roquefeuil, le 13 juillet 1886, vous avez juré de consacrer vos forces à préparer par l'étude, par l'action, par le dévouement personnel, le rétablissement d'un ordre social chrétien. C'est l'œuvre de l'avenir, elle est digne de passionner vos âges. »

La Jeunesse Catholique, comme le Sillon, voit dans le dévouement aux classes populaires le moyen indispensable du relèvement social. Dès 1889, elle comptait déjà plusieurs groupes ouvriers et des groupes ruraux. Ainsi, dès cette époque, l'Union Sainte-Anne du Finistère, l'Union de Tarentaise, remplacées depuis par d'autres groupements, étaient uniquement des groupes ruraux. L'Union provinciale de l'Orléanais, qui remonte aussi à ce temps, a toujours été en majorité ouvrière ou rurale. A

Paris, la Saint-Michel, à Lyon un groupe d'anciens élèves des Frères, dans le Nord de nombreux groupes étaient déjà formés d'employés ou d'ouvriers.

Au pèlerinage de la Jeunesse Catholique à Rome, en 1891, M. de Mun avait la satisfaction de voir « les enfants des riches et les enfants des pauvres dans les bras les uns des autres », et il pouvait s'écrier : « S'il y a eu pour moi une œuvre chère entre toutes, s'il y a eu dans mon cœur un désir plus ardent qu'aucun autre, c'est celui de cette union fraternelle entre vous et les enfants du peuple (1). »

D'autre part, M. Marc Sangnier écrivait à la fin de l'année *1899*.

« Au mois de juin dernier, nous connaissions à Paris cinq au six ouvriers seulement et je me souviens de cette première petite réunion... »

Il fait dater de la même époque l'éclosion des Cercles d'Etudes dans les patronages ou les autres groupes :

« Quand je pense à ce que nous avons fait, ou plutôt à ce qui s'est fait autour de nous depuis cinq mois à peine, en faveur de la formation sociale de la jeunesse ouvrière je ne puis m'empêcher de ressentir une impression très douce faite de joie reconnaissante et de confiance en l'avenir... Et voilà que, spontanément, dans tous les groupes, dans tous les faubourgs, on a répondu à notre appel, on a compris notre esprit, de semaine en semaine, le mouvement grandissait, l'impulsion devenait plus forte (2)... »

Il écrivait en 1904 : « Nos Cercles d'Etudes sont jeu-

(1) *La Jeunesse catholique au* XIX*e siècle,* par M. l'abbé Rouzic.
(2) *Le Sillon,* 10 décembre 1899 : Où nous en sommes.

nes : les plus vieux ont dix ans d'existence; la plupart ne datent que d'hier. Quelle que soit la rapidité de la formation de leurs membres, il faut avoir le courage d'avouer que cette formation renferme bien des lacunes (1). »

On doit donc convenir que la pénétration des classes ouvrières par les étudiants catholiques n'est pas une conception propre à telle ou telle association, mais bien l'inspiration naturelle d'une foi vivante.

La foi vivante et agissante, la foi intégrale, si l'on peut parler ainsi, en un mot, la *foi vécue*, voilà bien celle que professe le Sillon, dont il se fait gloire, la foi requise tout d'abord pour participer à l'*âme du Sillon*.

« Le Sillon est une apologie vivante de la religion (2). » On ajoutera même, au risque d'identifier des causes d'ordre différent : « Le Sillon, peut-on dire, c'est la religion catholique se refaisant conquérante du pays de France, en acceptant loyalement le terrain politique et social qui existe (3)... » — Nous verrons plus loin si cette position ambitieuse est sans danger.

Quoi qu'il en soit, comme les différents groupements de jeunes catholiques, voués aux œuvres de restauration sociale, tendent tous à mettre un complet accord entre leurs principes et leur conduite, entre leur vie et les maximes de l'Evangile, quelle que soit la profession extérieure plus ou moins retentissante qu'ils en fassent, cette profession ne

(1) *Le Sillon*, 25 août 1904.
(2) *Les Nouvelles Semailles*, 1904, p. 201.
(3) *Le Sillon*, 25 mars 1904.

semble pas non plus différencier spécifiquement le Sillon des autres associations de jeunes gens catholiques.

Il s'en distingue par ses *méthodes*, par les *fins* qu'il poursuit, par ce qu'on appelle, en termes vagues : *l'esprit du Sillon*.

On entend ici par *méthode* le système de relèvement social que M. Marc Sangnier esquisse dans *l'Esprit démocratique*, et qui se résume — l'expression est aussi simple que l'œuvre est complexe et ardue — à créer en France un nouvel état d'esprit social, qui permettra d'élaborer et de faire réussir les réformes législatives.

Ces *méthodes*, ce sont aussi des manières de dire, de faire, d'enseigner suivant certains principes, certaines règles, des modes d'action propres au Sillon, qu'il adopte comme moyens de former, de développer ce nouvel état d'esprit.

Dans un tract intitulé « le Sillon », il est dit :

« 1° Le Sillon s'efforce d'agir sur les milieux catholiques par une *action de formation*, de façon à les rendre plus aptes à un travail social utile : son influence tend à dégager la religion des idées préconçues et des préjugés qui l'obscurcissent... (?). — 2° Il se propose aussi de pénétrer dans les milieux indifférents ou hostiles par une *action de rayonnement*... (1).

« Ce qui importe avant tout c'est de créer un état d'esprit...

« Pour arriver au but que je me proposais, dit M. Marc Sangnier, j'ai dû contribuer à la formation d'une élite d'éducateurs sociaux, ces éducateurs devaient prendre la direction de certains groupements désignés sous le nom

(1) *Le Sillon*, 2 août 1904.

de Cercles d'Études. Ainsi, du moins, pouvaient-ils exercer une action directe et bienfaisante sur la masse (1). »

« Dans un mouvement de pénétration et de conquête démocratiques, ce qui importe davantage que la force du nombre, c'est la force de rayonnement, d'influence, d'expansion sociale. Aussi bien la tâche essentielle, primordiale, du Sillon a-t-elle toujours été la formation d'une élite. Et l'on conçoit, dès lors, quelle importance s'attache à l'œuvre des Cercles d'Études, instrument le plus caractéristique de cette formation (2). »

« Les *Instituts Populaires* ne sont pas, comme les Cercles d'Études, des groupes confessionnels destinés à former une élite ouvrière catholique ; ce sont, au contraire, des groupements largement ouverts à tous, sans distinction de croyances ou d'opinions. Les Instituts Populaires ne sont pas confessionnels, mais ne sont pas neutres. Leurs fondateurs, qui sont catholiques, se proposent de prendre contact avec les adversaires ; ils ne parlent pas au nom de la foi, mais s'adressent seulement à la raison et à la conscience de leurs auditeurs. Ils veulent faire sentir à tous l'opportunité du catholicisme. Les Instituts Populaires sont des œuvres de rayonnement (3). »

Enfin, dans les *réunions publiques*, les membres du Sillon acceptent, provoquent la contradiction ouverte, le corps à corps des idées et des doctrines avec les adversaires les plus déclarés de leurs convictions religieuses et sociales, s'efforçant de couvrir la violence de ces adversaires par la charité qu'ils puisent dans l'amour du Christ.

Je ne m'arrête point ici à examiner si ces discus-

(1) *L'Univers*, 25 février 1905.
(2) *Le Sillon*, 10 sept. 1904.
(3) *Le Sillon*, 2 août 1904.

sions contradictoires, nécessairement confuses, où tant d'erreurs peuvent se glisser en dépit des meilleures intentions, ont autant d'avantages pour éclairer l'esprit des jeunes gens du Sillon, pour former leur jugement, affermir leurs principes et leur foi, que pour tremper leur force de résistance et leur énergie dans la lutte. C'est un point sur lequel nous reviendrons plus loin.

Je conclus seulement que la grandeur de la tâche assumée par le Sillon et cette ambition de refaire l'éducation sociale et démocratique du pays, en prenant son point d'appui dans la doctrine catholique, exigeraient une grande sûreté de principes, un programme sûr, et non moins de tact, de prudence chrétienne que d'initiative intellectuelle.

Or, je crois que principes, programme, mesure et prudence pèchent, comme l'indique la lettre du cardinal Merry del Val.

Et tout d'abord, pour nous en tenir à ce premier point, le mode de formation de cette élite d'éducateurs sociaux, dans les Cercles d'Études, ne le fait-il pas pressentir ?

Il procède, en effet, d'un libéralisme qui, en matière de formation intellectuelle, est un principe à rebours. Et dans une œuvre d'éducation populaire, dans l'œuvre immense de réformation dont le Sillon a fait son programme, quelles conséquences il peut avoir !

Voici ce que *les Nouvelles Semailles* en disent :

« Marc Sangnier croyait assez au peuple et l'aimait assez pour l'émanciper par l'éducation populaire. Nos relations avec le peuple, me disait-il, dès cette époque, ne sont pas des relations de protecteurs à protégés, d'instituteurs à élèves; non, nous avons en réalité beaucoup plus à apprendre du peuple qu'il n'a à apprendre de nous. Entre nous et lui il ne peut donc être question que d'un échange de service, d'une solidarité dans laquelle il est notre égal...

« Parce que Marc Sangnier avait très profondément la notion de ce que c'est qu'une sincérité, il a su ménager comme il convenait toutes les convictions sincères. Il n'est point arrivé dans les patronages avec un programme tout fait et uniforme qui eût, dès l'abord, effrayé et aliéné à son action beaucoup de braves gens. Il a cru que l'étude en commun, faite sans parti pris, aussi sérieusement que possible, avec une âme commune, aboutirait à un esprit commun. — Cette marche intellectuelle de la jeunesse ouvrière, il a senti du premier coup la nécessité d'en assurer la rectitude, non pas en poussant violemment dans un unique sillon tous les tempéraments et toutes les mentalités, mais en postant sur les voies diverses des éclaireurs qui fourniraient des renseignements, des indications, une méthode pour faire un bon voyage...

« Les conseillers ont beaucoup moins d'influence par ce qu'ils disent au Cercle d'Etudes que par les livres, les revues qu'ils prêtent, les méthodes qu'ils indiquent dans les salles de travail. C'est en traçant le sentier aux esprits et non pas en les portant qu'ils les dirigent efficacement; le Cercle d'Études est essentiellement une œuvre de formation personnelle, — de self-formation, diraient les Anglais; voilà ce qu'il ne faut jamais perdre de vue...

« Il y a même *des cercles non confessionnels* où on admet, — étant données certaines garanties de moralité, — les non-catholiques et les socialistes (1). En général,

(1) Ceci n'est pas exagération ou lettre-morte. A la suite d'une conférence contradictoire avec Jules Guesde à Roubaix (mars 1905), le Sillon enregistre comme un succès qu'un des principaux socialistes de la ville vient de se faire inscrire comme membre du Cercle d'Études de cette ville.

cependant, le Cercle d'Études soit dans les patronages, soit à l'extérieur, borne son rôle à la formation des catholiques pour la vie sociale qui, dans les œuvres complémentaires du Cercle d'Études, ne comporte plus de cloison entre les partis, les races et les convictions.

« Quoi qu'il en soit, le Cercle d'Études s'efforce de faire de ses membres des chrétiens aussi tolérants que convaincus, des hommes au courant des idées et des aspirations de leur époque, sachant réclamer toute justice et tout progrès, comme défendre tout droit et toute vérité, des citoyens de leur cité, des ouvriers de leur profession qui ne soient ni boudeurs, ni révoltés, ni esclaves (!)...

« Ce n'est point qu'ils soient devenus de petites académies des sciences morales et politiques, non, ils resteront toujours une très simple coopération d'idées (1). »

Le Cercle d'Études a donc son conseiller, dont le choix peut évidemment avoir une grande influence. Voici ce que je lis à ce sujet, dans les conseils donnés par *le Sillon* :

« Pareil au choix d'un bon ami, je dirai à mon jeune fondateur : « choisissez votre conseiller entre mille. »

« Une de ses qualités, je ne dirai pas indispensable, mais nécessaire, c'est la jeunesse. Jeunesse d'esprit et jeunesse d'âge se valent, *cependant que peu d'hommes aient l'esprit assez vigoureux pour évoluer sans cesse. Beaucoup, malheureusement, en restent aux principes qui ont nourri leur jeunesse, et aux exemples qui ont frappé leur âge mûr* (2). »

Il est vrai que, selon M. Marc Sangnier, « le Cercle d'Études n'a peut-être pas tant pour but de développer les connaissances que de préparer à la vie civique. *Il ne*

(1) *Les Nouvelles Semailles*, chap. III.
(2) *Les Tablettes d'un Président*, création d'un Cercle d'Études. *L'Écho des Cercles d'Études*. Supplément du *Sillon*, 10 mars 1901.

s'agit même pas tant de donner à un jeune homme des idées sérieuses et précises que de lui révéler l'existence d'un certain ordre de choses auquel il n'a peut-être pas songé, que de lui laisser une impression très vive, source future de réflexion personnelle... (1). »

Il ajouterait, je le sais, que ces principes sont conformes à sa méthode expérimentale : « On nous reproche parfois l'imprécision de notre programme, la légèreté de notre bagage scientifique. Et, certes, nous reconnaissons volontiers qu'il faut des idées directrices, que la connaissance du milieu social dans lequel nous nous mouvons est nécessaire... Mais vivre est plus que raconter la vie, plus même que l'alimenter et la défendre (2)... »

« Que nos amis ne s'y trompent pas! Ce qu'il importe avant tout de conserver ou d'acquérir, c'est le sens profond, très actuel du mouvement démocratique dans lequel ils se meuvent et qui les entraîne, dont leur christianisme, d'ailleurs, les prédispose à être les guides les plus hardis en même temps que les plus sûrs et les mieux disciplinés (3)... »

Où les entraînera ce mouvement? C'est sur quoi ils ferment les yeux avec confiance, mais c'est aussi ce qui peut faire tant craindre. On verra, à la fin de cette étude, comment, à se laisser conduire par le mouvement démocratique, c'est sur les confins du socialisme qu'on arrive à faire le rapprochement cherché.

Sur les *Instituts populaires*, M. Marc Sangnier écrit encore : « Une Université populaire qui se contenterait de faire passer devant des auditeurs complaisants tout un étrange et fastidieux défilé de savants conférenciers ne serait pas une institution vraiment démocrati-

(1) Article paru dans *la Quinzaine*.
(2) *L'Esprit démocratique*, 1re partie, ch. VII.
(3) *L'Esprit démocratique*, 1re partie, ch. VII.

que : *ce ne serait qu'une sorte de tentative de main-mise des intellectuels sur le peuple.* Notre ambition est de faire autre chose. *Nous sommes convaincus que la véritable éducation ne peut pas s'imposer de l'extérieur.* Nos camarades étudiants n'ont jamais eu la prétention d'être les éducateurs des ouvriers, mais bien seulement de s'élever fraternellement avec eux...

« L'*Institut populaire* n'est pas *confessionnel.* Tous y sont admis. L'enseignement n'y est en aucune façon *dogmatique,* puisque ce n'est pas au nom des dogmes qu'on enseigne; et comment, d'ailleurs, pourrait-on parler au nom d'un dogme à celui qui ne croit pas à ce dogme? Nos amis s'adressent à leurs auditeurs au nom de la raison, au nom de la conscience humaine. Ils font œuvre de savants, de penseurs. Ils ne parlent pas, ainsi que fait le prêtre en chaire, comme ayant autorité : tel n'est pas leur rôle. Ils réclament la discussion, ne demandent qu'à rendre raison de leurs opinions ou de leurs croyances. Non certes, ce n'est pas eux qui auront jamais la prétention de vouloir imposer des idées toutes faites; mais vraiment s'ils ont confiance dans la vérité et s'ils sont convaincus qu'une fois dissipés les nuages accumulés entre elle et l'esprit de l'homme, rien ne saurait plus s'opposer à son triomphe sur l'erreur, qui donc oserait les en blâmer... (1)?

Telle est donc la formation dont le Sillon se fait honneur.

Quel pourra en être le résultat, aux yeux de l'homme sérieux, considérant le milieu d'où est issu le jeune ouvrier et la direction qu'il reçoit au Cercle d'Etudes, pour les comparer aux discussions auxquelles il est mêlé dans les Instituts populaires et les réunions publiques?

M. Marc Sangnier et le Sillon ont reçu d'un bon

(1) *Le Sillon*, 10 février 1901.

nombre d'évêques les encouragements les plus flatteurs. Cependant, je ne crois pas trop m'avancer en disant qu'il ne s'en trouverait pas un seul pour donner son approbation explicite et formelle à une telle méthode d'éducation populaire, lançant d'abord la jeunesse ouvrière, sans direction positive et sûre, dans les questions sociales, économiques, religieuses ou morales, en laissant à la vie, au temps, aux événements, le soin de conduire ses idées, et qui, sans le prémunir davantage, le fait ouvrir ses oreilles aux utopies, aux théories révolutionnaires, aux attaques des socialistes, des coryphées de l'irréligion, aux blasphèmes des apostats.

Aussi bien, nous allons voir M. Marc Sangnier à l'œuvre, dans la formation de cette élite d'éducateurs sociaux.

LE SILLON ET LA DÉMOCRATIE

—

Quiconque enseigne doit s'efforcer, avant tout, de parler clairement, et n'employer que des termes d'une signification connue, reçue de tous, afin d'éviter que la parole, forme, vêtement de la pensée, ne la trahisse, ne la dérobe à l'auditeur, et ne l'induise à des confusions d'idées.

Cette première et indispensable qualité n'est pas, il faut le reconnaître, la qualité maîtresse du talent de M. Marc Sangnier, si fécond en ressources.

Quand il veut sceller par une formule quelqu'une de ses pensées maîtresses, il ne craint pas d'attacher à certaines expressions une signification différente de celle que la langue a consacrée, et même un sens opposé au véritable sens du mot. C'est une source perpétuelle de confusions.

Prenons d'abord un exemple indifférent : veut-il mettre en comparaison la petite élite démocratique, qu'il destine à diriger notre rénovation sociale, et celle, plus nombreuse, de l'ancienne aristocratie ou des classes dirigeantes, il nous dira, — et la formule a désormais cours au Sillon — qu'il substitue à la *majorité numérique* de celle-ci la *majorité dynamique* de celle-là.

Or, majorité et minorité impliquent la notion de

nombre. Le nombre et l'influence peuvent bien se faire équilibre, mais non se prendre l'un pour l'autre. Cette *majorité dynamique* est ce qu'on appelle en français : l'influence d'une *minorité d'élite.*

Si ce n'était là que jeu d'intellectuel, il ne vaudrait pas la peine d'y insister. Mais, dans l'éducation populaire, de semblables licences n'entraîneront-elles pas de fâcheuses méprises ?

Comment, encore, M. Marc Sangnier peut-il faire abstraction du sens essentiel de ces mots qui sont uniquement *d'Eglise* et impliquent consécration au service de Dieu : *clerc, clergé, cléricature, clérical ?*

Qu'on rétorque un argument contre ses adversaires, en montrant qu'ils revendiquent au profit de l'Etat l'absorption des deux pouvoirs, spirituel et temporel, l'un par l'autre, dont ils font injustement un crime à l'Eglise ; et qu'eux-mêmes, à considérer seulement le fait de cette confusion, pourraient être traités de *cléricaux*, rien de mieux.

Mais s'exprimer comme si, au sens propre, le mot cléricalisme signifiait indifféremment la mainmise par l'un des deux pouvoirs sur l'autre, c'est créer une confusion nouvelle et violenter la langue. Or, M. Marc Sangnier ne manqua pas une occasion de répéter que

« *Nous n'avons pas le droit d'être cléricaux*, parce que Notre Seigneur nous l'a impérieusement défendu »,

et, après lui, ses disciples de dire :

« *La religion est anti-cléricale*, suivant les prescriptions du Christ lui-même (1). »

C'est une pure logomachie.

En dénaturant ainsi la langue, on ne peut bien

(1) *Les Nouvelles Semailles*, p. 205.

servir la vérité. De bonne foi, que veut-on faire entrer dans les cerveaux populaires, si l'on brouille ainsi les idées ?

Plus qu'à tout autre orateur, plus qu'à tout autre éducateur, ce qu'on pourrait appeler la probité du langage est nécessaire à l'orateur, à l'éducateur populaire.

Le mot *démocratie* nous offre un autre exemple du même abus, dont les conséquences sont beaucoup plus graves.

Ce terme, emprunté à la phraséologie révolutionnaire, est-il bien placé dans la bouche des jeunes catholiques (1)?

Les Associations comme *la Jeunesse catholique* et *le Sillon*, noblement ambitieuses d'exercer sur les classes populaires une influence religieuse et sociale, ont-elles raison de faire sonner avec complaisance, à tout propos, ce mot de *démocratie* aux oreilles de la foule, et de s'en emplir la bouche?

Il faut avoir le courage de leur dire et tâcher de le leur faire comprendre, c'est entretenir la plus funeste équivoque, c'est accréditer des idées fausses, exploitées par le vice et l'erreur. C'est aggraver le mal auquel on veut porter remède.

Sans doute le mot démocratie fascine les masses. Mais d'où lui vient cette magique puissance ?

Hélas ! que de formules perfides ont été créées depuis deux siècles, qui ont servi de véhicule à toutes les doctrines subversives !

Cette phraséologie révolutionnaire a contribué pour une large part à égarer les masses, elle a

(1) Bien entendu, on n'en vise pas ici l'emploi raisonnable, mais l'usage affecté.

causé des maux irréparables. Au siècle dernier, c'était *la tolérance* et *la superstition;* sous la Terreur, *le fanatisme* et *la Raison;* sous la Restauration, *l'ancien régime, la dîme, les privilèges;* sous le second Empire, *le progrès.* Aujourd'hui, ce qui est le plus en vogue, c'est *le cléricalisme, la science, la solidarité,* et *la démocratie* (1).

Est-ce que son origine seule ne devrait pas la condamner? Il est indéniable qu'elle a été fabriquée par les francs-maçons, par les fauteurs de révolutions, et qu'ils s'en sont servis comme d'un agent caché, très actif, pour la diffusion de leurs idées pernicieuses.

Pour eux, la guerre au cléricalisme signifie la guerre au catholicisme, la science est la négation de la foi, et qu'est-ce que la démocratie? l'indépendance de toute hiérarchie religieuse, sociale et familiale.

Il n'est pas une vexation, une loi inique, une profanation qui ne se couvrent des intérêts, des droits de la démocratie.

Quelle utopie, de prétendre démarquer ces expressions, qui symbolisent toutes les doctrines et déguisent toutes les passions antireligieuses et antisociales!

« *Ce qu'il y a de plus funeste pour les peuples après la Révolution,* on l'a très justement dit, *c'est la langue qu'elle a créée. Ce qu'il y a de plus redoutable après les révolutionnaires, ce sont les hommes qui emploient cette langue dont les mots sont autant de semences de révolution.*

« La France est trop malade... Depuis un siècle les

(1) *Le Problème de l'heure présente,* par Mgr Delassus.

orateurs la saturent d'idées complexes et ambiguës dans le but de la dominer. *Profitant du sens vrai que ces idées renferment, ils les répandent sur une foule qui ne les prend que dans un sens nuisible et faux. Qui défera les plis du mensonge dont le peuple est enveloppé?*

« Si nous voulons servir notre pays, il y a un autre langage à tenir. Si nous voulons porter secours à la France, au lieu d'exploiter ses malheurs, laissons ces expressions à double sens qui agrandissent ses blessures. Rejeter fièrement la langue déloyale, voilà désormais à quoi on reconnaîtra l'homme de cœur (1). »

Etymologiquement, et par lui-même, le mot démocratie n'a point une signification complexe, il est très simple. Il signifie la souveraineté du peuple : démocratie, gouvernement du peuple par le peuple. Ceux qui sont empêchés d'admettre la souveraineté du peuple, au sens absolu et hétérodoxe, et veulent néanmoins s'approprier le mot démocratie, l'arborer comme une cocarde, lui ont donné toutes sortes de significations que ni l'étymologie, ni l'usage ancien ne justifient, et que rien ne pourra faire prévaloir sur son acception naturelle. Ils se sont efforcés d'y faire entrer l'amour du peuple, le dévouement à sa cause, la sollicitude de ses intérêts : toutes choses excellentes, mais toutes choses que le langage chrétien savait exprimer par des mots clairs, par des mots reçus depuis de longs siècles, qui ne prêtaient à aucune équivoque (2).

Quoi qu'il en soit, un point n'est pas douteux. c'est que si ces jeunes catholiques qui, par la plume et par la parole, dans les congrès et dans les pèle-

(1) Blanc de Saint-Bonnet, cité par Mgr Delassus.
(2) *Le Problème de l'heure présente..*

rinages, multiplient les déclarations les plus retentissantes d'absolue soumission à toutes les Directions Pontificales, les écoutaient avec attention et les pratiquaient fidèlement en cette matière, ils seraient infiniment plus circonspects dans leur zèle pour la démocratie et surveilleraient mieux leur langage.

« Au commencement, dit Léon XIII, cette sorte de bienfaisance populaire ne se distinguait ordinairement par aucune appellation spéciale... *Celle de démocratie chrétienne blesse beaucoup de gens bien pensants qui lui trouvent un sens équivoque et dangereux.* Ils se défient de cette dénomination pour plus d'un motif. *Ils craignent que ce mot ne déguise mal le gouvernement populaire, ou ne marque en sa faveur une préférence marquée sur les autres formes de gouvernement. Ils craignent que la vertu de la religion chrétienne ne semble restreinte aux intérêts du peuple, les autres classes de la société étant en quelque sorte laissées de côté.* Ils craignent enfin que, sous ce nom trompeur, ne se cache quelque dessein de décrier toute espèce de pouvoir légitime soit civil soit sacré. » (Encyc. *Graves de Communi.*)

Après de telles paroles, la déférence et la sagesse ne demandent-elles pas qu'on s'abstienne de cette dénomination *équivoque et dangereuse?* Croit-on que le Pape ait parlé pour ne rien dire? Et pouvait-il faire entendre plus clairement que, s'il ne veut pas proscrire sur les lèvres des catholiques ce vocable de démocratie, de peur de décourager certains hommes, il lui serait plus agréable qu'on en n'usât point?

Les jeunes catholiques devraient hésiter d'autant moins à garder cette réserve que, s'ils veulent rester fidèles à ne prôner la démocratie que dans le sens accepté par le Souverain Pontife, cela leur devient complètement inutile pour l'effet espéré.

« Ceux qui se dévouent à l'action populaire chrétienne, dit encore Léon XIII, doivent maintenir la distinction des classes, qui est le propre d'un Etat bien constitué. *Ils ne doivent pas se permettre de détourner à un sens politique le mot de démocratie chrétienne, s'attacher à un régime de préférence à un autre, et prétendre l'apporter avec eux par leur influence et leur action. Ils ne doivent par écarter le concours des classes supérieures...* »

Réfléchissez, jeunes catholiques, soyez sincères, et vous avouerez alors que si, dans vos articles et dans vos discours, vous deviez prendre soin d'écarter les équivoques signalées par le Pape, la démocratie n'aurait plus de prestige pour vous ni pour vos adhérents; peut-être même devriez-vous reconnaître que la démocratie prônée par vous ressemble fort à celle que le Pape exclut.

La suite établira péremptoirement que la démocratie du Sillon a précisément les caractères condamnés par Léon XIII.

La Démocratie est, peut-on dire, le mot d'ordre du Sillon.

L'avenir de la démocratie, la vie démocratique, l'esprit démocratique, l'enseignement démocratique, c'est le thème ordinaire, presque unique, de M. Marc Sangnier.

Aussi bien, annonce-t-il aujourd'hui qu'il va la définir. Mais cette définition sera-t-elle plus précise que celle du cléricalisme ?

Je ne m'arrête pas à celle-ci, relevée dans *le Sillon*

du 25 août 1902 : « *La démocratie, c'est l'écoulement de l'autorité du haut en bas de la société...* » Voilà qui est clair; mais c'est là la démocratie sociale formellement condamnée par l'Église.

N'insistons pas, et tenons-nous-en à la parole du maître. Il a longuement réfléchi; il a scruté profondément le concept de la démocratie, avant d'en tirer la définition devenue aujourd'hui la base de son enseignement populaire. — La formule en est reproduite, commentée à satiété dans chacun de ses discours, de ses articles, et tour à tour ses disciples lui font écho.

« *La démocratie est l'organisation sociale qui tend à porter au maximum la conscience et la responsabilité civiques de chacun* (1). »

L'avouerai-je? J'ai peine à voir là une définition.

Mais j'entends mal peut-être ce qu'est une définition. Recourons au dictionnaire. Larousse dit : la définition est l'explication claire et précise de la nature d'une chose et du sens des mots; et une définition adéquate, telle, évidemment, que M. Marc Sangnier a laborieusement élaboré celle-ci, doit convenir à tout le défini et rien qu'au défini. Au surplus, il rappelle la règle donnée par Pascal : N'employez dans la définition que des mots parfaitement connus et déjà définis.

Ce dernier trait suffirait à expliquer mon embarras. Sont-ce des mots parfaitement connus et déjà définis que cette organisation qui *tend à...?* et quel est ce *maximum* où seront portées la conscience et la responsabilité civiques de chacun (2)?

(1) *Le Sillon*, 25 août 1902.

(2) Une organisation sociale peut être plus ou moins favorable à tel ou tel état des mœurs, suivant le parti qu'en tirent les hommes.

Ne pouvant me mettre dans la tête que le populaire, aux oreilles duquel on fait voltiger le mot de démocratie, soit plus satisfait que moi, je tourne les pages de Larousse, cherchant le mot fatidique, et je lis :

« Démocratie : gouvernement du peuple par lui-même; puissance souveraine du peuple. »

Cela, je le comprends. — Puis:

« Lorsque, dans la république, le peuple en corps a la puissance souveraine, c'est une démocratie. » (Montesquieu.) — A merveille. — Plus loin :

« Démocratie, en bon langage, a toujours signifié le peuple se gouvernant lui-même. » (Vacherot.) — Là aussi je vois parfaitement clair. Poursuivons :

« L'essence de la démocratie est dans la séparation des pouvoirs, dans la distribution des emplois, le contrôle et la responsabilité. » (Proudhon.)

« La démocratie pure est le règne de la canaille. » (Voltaire.) — Shoking !

Enfin cette définition : *Prédominance du pouvoir populaire dans un gouvernement quelconque, même monarchique.* — Aïe !

C'est un vieux Larousse, il date de 1873 ! La République, à cette époque, n'était pas fondée.

Mais nulle n'a de vertu par elle-même et *ne tend* d'elle-même à quoi que ce soit. Seulement il fallait pour M. Marc Sangnier qu'il y eût des vertus inhérentes à la démocratie. Il suffit de se rappeler l'histoire de nos trois républiques, pour constater que le *maximum* auquel tend cette organisation a été un *minimum* lamentable. Quelle contradiction ! Mais M. Marc Sangnier, dont la foi ne recule devant rien, n'hésite pas à imposer à la démocratie, comme au cléricalisme, une signification qu'elle n'a jamais eue dans notre langue. Il ne fait qu'épaissir une équivoque dangereuse et fausser les idées de ses auditeurs. Son assertion eût été moins discutable, si, au lieu d'une *définition* posée en ces termes : *La démocratie est..*, il s'était contenté de donner sa formule pour ce qu'elle est en réalité, une *conception* purement personnelle.

Passez-moi le nouveau Larousse illustré. J'ouvre, et je lis :

« La Démocratie au sens strict du mot consiste dans l'exercice, soit direct, soit indirect, du pouvoir par le peuple. Cette organisation politique implique un état social caractérisé par ce fait que tous sont égaux devant la loi, que tous possèdent les mêmes droits... Le régime démocratique entraîne le développement nécessaire d'un certain nombre d'institutions... De là, résulte pour un Etat démocratique : 1° l'obligation d'instituer des œuvres d'éducation, de philanthropie et de solidarité; 2° de là, résultent également *la forme républicaine et le suffrage universel*...

Ce qui précède montre assez que ce ne sont pas là des caractères essentiels, mais seulement des applications plus ou moins indirectes.

Revenons à la définition de M. Marc Sangnier.

La démocratie, à proprement parler, n'est donc pas une organisation sociale, mais une organisation *politique*. L'état social auquel s'adapte cette organisation politique peut être conforme aux conceptions de M. Marc Sangnier, il peut en différer.

M. Marc Sangnier rejette, non sans dédain, la définition reçue (1), la seule une définition vraie, sous le prétexte qu'elle « confond la démocratie avec ses résultats », et parce que, « si on entend par démocratie le gouvernement du peuple par le peuple organisé, la définition enveloppe tous les

(1) « Elle ne veut à peu près rien dire. » *Le Sillon*, 10 mars 1905.

gouvernements : la monarchie française et même les césarismes les plus tyranniques (1) ».

Ce qu'il appelle ici *résultats*, ce sont proprement les caractères de l'état démocratique, les seuls qui lui soient essentiels ; tandis que sa définition, à lui, qui pèche par tous les bouts, est précisément viciée par les *conséquences* en vue desquelles il la forge et par l'a priori de ses vues.

Et d'où viendrait, tout d'abord, la nécessité de définir la démocratie en opposition avec la forme monarchique ou même avec le césarisme ? Sur quoi M. Marc Sangnier la fonde-t-il, abstraction faite de ses vues personnelles? Cependant, peuvent-elles changer l'ordre des réalités ?

Pour ne parler que de la présente réalité, si triste, l'état actuel de la France ne prouve-t-il pas que l'état démocratique peut coexister avec la pire des tyrannies?

Quant à la monarchie, pourquoi serait-elle incompatible avec la démocratie (2) ?

La décentralisation dont la France a joui avec elle à certaines époques, beaucoup plus réellement que sous nos républiques, n'est-elle pas un plus vrai caractère de l'Etat démocratique que le suffrage universel, par lequel se constitue et se perpétue le pouvoir jacobin ?

(1) *Le Sillon*, 10 mars 1905.

(2) « Il y a deux systèmes de gouvernement : la monarchie où, faute de temps et d'aptitudes, les citoyens confient les intérêts de la nation à la famille régnante, et la République, où ces mêmes intérêts sont entre les mains de tous. » (*Le Sillon*, 10 déc. 1899.) Comme c'est exact et conforme aux réalités historiques, dans l'un et l'autre état ! Et comme, avec des vues si sommaires sur l'histoire, la philosophie s'en fait aisément ! — On lit encore dans *les Nouvelles Semailles* (p. 91) : « Le gouvernement monarchique, où un seul est chargé des affaires de la collectivité, lui paraît (à M. M. Sangnier) un encouragement à l'égoïsme et à l'inaction civiques. »

C'est à une correspondance insérée dans *le Sillon* que j'emprunte les réflexions suivantes :

« Au point de vue politique, nous avons le suffrage universel, et il est incontestable qu'autrefois le peuple n'avait pas entre les mains cette arme redoutable et difficile à manier. Mais n'avait-on pas, au moyen-âge et même sous la monarchie absolue d'un Louis XIV et d'un Louis XV, moins de centralisation? Les provinces n'étaient-elles pas plus autonomes que nos départements? Les Parlements et les universités dépendaient-ils d'un pouvoir unique? Et de qui tenons-nous tous ces pouvoirs centralisés dont tout le monde se plaint? La première origine en est à Richelieu et à Colbert, mais il semble que c'est de la Révolution et du premier Empire qu'ils datent véritablement dans toute leur perfection.

« Même le suffrage universel est-il autant dans l'essence de la démocratie que la décentralisation? Pour avoir une conviction sur ce point, qu'on médite ces paroles de M. Toniolo (1) : « Les auteurs chrétiens qui, dans les siècles passés, on écrit sur les sciences politiques étaient bien loin d'identifier le régime démocratique avec la participation universelle du peuple au pouvoir... Dans tous les temps, la vie politique des peuples s'est montrée moins dans les grands parlements que dans l'organisation de communes indépendantes, de corporations revêtues de fonctions civiles, d'associations dans les campagnes, de vicinies, ou réunions paroissiales, et dans l'autorité féconde et juridique des coutumes locales. On peut même prévoir avec fondement que, dans un avenir prochain, l'aspect politique de la démocratie se manifestera en produisant, en grand nombre et sous diverses formes, des autonomies administratives de classes et de lieux, dans les villes, dans les campagnes, dans les provinces et dans les régions, peut-être mieux que dans la participation des masses à une représentation

(1) Célèbre sociologue italien.

suprême et centralisée. Pour cela, il n'y aura qu'à rétablir une bonne partie des anciennes institutions de la civilisation chrétienne. »

« Il en est de même sur le terrain social... Autrefois, il existait une organisation professionnelle, dont la décadence a commencé précisément quand on a voulu la centraliser rigoureusement et la faire dépendre toute de l'État, avec Colbert. Autrefois, le peuple n'était pas plus malheureux qu'aujourd'hui ; le portrait du paysan de La Bruyère est bien un peu vrai de nos jours, en particulier pour les ouvriers des mines ; mais je ne pense pas que le peuple du XIIIe siècle envierait beaucoup le sort de celui du XIXe, sauf pour les perfectionnements matériels, dus à la science et nullement à la démocratie. Autrefois, surtout en ce XVIIIe siècle qui a précédé immédiatement la Révolution, le peuple était presque aussi instruit que de nos jours, les statistiques de M. Taine en font foi.

« Autrefois, il est vrai, il y avait des inégalités marquées ; la division des citoyens en classes subordonnées entre elles en est une preuve. Aujourd'hui, tous les citoyens sont égaux, il n'y a plus de classes dirigeantes. Voilà du moins des phrases qui reviennent à la bouche de tous nos orateurs et sous la plume de nos écrivains. Mais aujourd'hui aussi la répartition de citoyens en capitalistes et prolétaires, qu'est-ce autre chose qu'une division en classes? Au moins, autrefois la guerre des classes — réelle pourtant — était moins prononcée qu'aujourd'hui, les différents « états » avaient au contraire pour mission de s'aider les uns les autres ; leurs fonctions étaient bien nettes. En vérité, l'inégalité sociale et économique est plus grande de nos jours qu'il y a deux ou trois cents ans ou plus ; et je comprends parfaitement le bouillonnement socialiste et révolutionnaire dont nous sommes agités ; je comprends que les prolétaires, à qui on ne permet pas d'être chrétiens, se rebellent et que les capitalistes ou ploutocrates envisagent avec terreur l'avènement possible, trop prochain à leur avis, du « quatrième état qui se lève ».

« Franchement, je ne vois pas quel grand progrès a été pour l'humanité cette démocratie dont on parle tant et qui existe si peu. Sous l'ancien régime peut-être avait-on davantage de la chose sans en avoir l'idée. Aujourd'hui, nous avons le mot, jusqu'à un certain point l'idée de la chose (1). »

Quand M. Marc Sangnier commence par déclarer qu'il part du *fait démocratique*, on ne peut donc s'empêcher de se demander où il le prend ; car s'il est vrai qu'on constate chez nous des tendances démocratiques, la démocratie n'existe pas en fait, tant au point de vue social et économique qu'à celui de la conscience et de la responsabilité civiques.

Lui-même d'ailleurs le reconnaît sans cesse dans ses discours, et c'est là ce qui exalte son ardente initiative. Il part donc d'un fait inexistant.

Lui qui reproche inexactement à la définition étymologique de définir la démocratie par ses résultats avoue la définir en vue de ses conséquences :

« La définition aura surtout de la valeur, si elle inclut la raison d'être morale de la démocratie d'où découleront comme conséquences ses caractères politiques et sociaux. »

La définition sera donc bonne, à la condition de répondre à nos conceptions ?

« Nous avons tenu à définir la démocratie par ses qualités internes et nous avons vu en elle, d'abord, l'organisation sociale qui tend à porter au maximum la conscience et la responsabilité civiques de chacun. *Quelle définition plus exacte et plus compréhensive en aurait-on pu donner, dès lors qu'il nous apparaît net-*

(1) *Le Sillon*, 10 juillet 1899.

tement que la conséquence politique d'une telle démocratie sera évidemment la république préférablement à la monarchie, de même que sa conséquence économique sera l'organisation coopérative plutôt que l'organisation patronale (1). »

Et dire que, même avec cela, il nous est évident que ces conséquences ne sont pas du tout évidentes! qu'elles nous apparaissent simplement comme possibles, nullement comme nécessaires, de telle sorte que la démocratie n'est pas du tout définie.

Oh! qu'il l'a donc justement dit, Toniolo, ce professeur renommé et, lui-même, démocrate très convaincu :

« Rien, en réalité, de plus vague, de plus embrouillé, de plus rebelle à formuler que cette expression : démocratie. Tout contribue à en rendre la notion moins précise (2). »

Et je m'avise trop tard que j'aurais mieux compris M. Marc Sangnier, si j'avais lu mon Larousse jusqu'au bout :

« Il y a un genre de définition qui est à la fois une définition de mots et une définition de choses. C'est la définition employée dans les sciences mathématiques. Les mathématiciens ne parlent que de choses abstraites, c'est-à-dire n'ayant de réalité que dans l'esprit. La définition qu'ils emploient détermine la réalité de la chose dont il est question... »

Mais, encore une fois, la réalité présente, celle que nous vivons, est horrible et exécrable. Tandis que M. Marc Sangnier consume ses magnifiques

(1) *L'Univers*, 16 mars 1905.
(2) Toniolo, *Notion chrétienne de la démocratie*, p. 9.

énergies à construire la démocratie future, au nom de la démocratie actuelle, se poursuivent les destructions, les œuvres de haine. La démocratie du Sillon est une démocratie de paix et d'amour; celle qui, actuellement, écrase et tue la France est une démocratie de rage et de sang. Les sectaires qui nous étranglent sont aussi mal venus, je le sais, à accaparer la démocratie au profit de leur République que M. Marc Sangnier au profit de la sienne; d'un côté nous voyons une fausse démocratie, de l'autre, une démocratie chimérique. Le malheur est qu'en entretenant la chimère d'une démocratie idéale on fait le jeu de la démocratie révolutionnaire.

« CHRISTIANISME ET DÉMOCRATIE[1] »

OU

L'HUMANITARISME MYSTIQUE

—

L'alliance nécessaire de la démocratie avec le Christianisme est, personne ne l'ignore, le thème sur lequel s'exerce avec prédilection la virtuosité de M. Marc Sangnier, le *leitmotiv* de tous ses discours.

« Les aspirations démocratiques du christianisme (2) » et cette « démocratie future que les hommes n'auraient pu concevoir sans Jésus-Christ (3) » reviennent si souvent sous sa plume ou sur ses lèvres que lui-même n'est pas sans s'en apercevoir : « Evitons de répéter sans cesse que la société contemporaine postule le catholicisme par toutes ses aspirations internes, et que *la démocratie qui n'aurait pas même été conçue sans le Christ* ne saurait jamais se réaliser contre lui, que l'esprit chrétien est comme l'atmosphère qu'elle réclame pour s'épanouir ; évitons d'affirmer toujours sans jamais apporter quelque

(1) Article de M. Marc Sangnier, publié dans *le Sillon* du 25 mars 1904, et reproduit dans *l'Esprit démocratique.*
(2) *L'Esprit démocratique*, 1re partie, chap. I.
(3) *Ibid.*, 1re partie, chap. VIII.

preuve actuelle de cette vitalité démocratique du catholicisme français (1) ».

Il n'est certainement pas exagéré de dire que cette formule : *la démocratie postule nécessairement le christianisme*, est la clef-de-voûte de cet édifice grandiose, que M. Marc Sangnier travaille si infatigablement à faire sortir de terre.

Faut-il l'avouer? cette clef-de-voûte nous paraît tenir en l'air par sa propre vertu, et notre regard n'arrive même pas à constater l'existence des pièces qu'elle est destinée à maintenir.

On aurait pu craindre de ne pas bien saisir, dans l'exposé de sa théorie, la pensée du brillant orateur, souvent enveloppée de gazes aux reflets miroitants. Heureusement, une fois, il a voulu lui donner une forme rigoureuse, et présenter ses raisonnements avec le caractère d'une « argumentation ».

« Dans l'emportement des discours et des controverses publiques, il est parfois difficile de faire sentir un enchaînement d'idées avec toute la netteté, je dirai presque toute la brutalité désirable. Pourtant, notre position en face de nos adversaires nous apparaît comme si naturelle et si solide que nous croyons utile d'apporter parfois quelques pensées dépouillées à dessein de tout développement oratoire, et qui s'imposeront peut-être d'autant mieux à la réflexion de ceux de nos adversaires ou de nos contradicteurs qui voudront bien prendre la peine de les lire avec le vrai désir de comprendre avant de juger. C'est ce que nous faisons aujourd'hui à propos d'une récente conférence publique (2). »

(1) *L'Esprit démocratique*, 1re partie, chap. VI.
(2) Il s'agit de la réunion publique et contradictoire qui eut lieu au cirque d'Orléans, le 3 mars 1904.

Nous croyons nécessaire de reproduire intégralement cette argumentation. Elle demande à être lue attentivement :

« 1° La démocratie est l'organisation sociale qui tend à porter au maximum la conscience et la responsabilité civiques de chacun.

« Pour être en démocratie, il ne suffit pas d'être gouverné par de bonnes lois sociales, de bénéficier d'une législation ouvrière tutélaire ; il importe que chaque citoyen soit le gardien de la chose publique, qu'il collabore effectivement à l'œuvre commune et que — alors même qu'il demeurerait attaché aux plus humbles emplois, — il se rende exactement compte qu'il y collabore.

« 2° Le grand obstacle à la réalisation d'une telle démocratie, c'est le conflit entre l'*intérêt privé* et l'*intérêt général*. L'individu verra son bien en opposition avec celui de l'Etat : il sera tenté de s'enrichir en appauvrissant la cité, de profiter de son pouvoir en amoindrissant celui de la nation. De même la prospérité d'une famille pourra être contraire à celle de la Patrie, le profit d'un métier ou d'une profession à celui de l'ensemble des autres professions. La conscience et la responsabilité des intérêts particuliers offusqueront la conscience et la responsabilité des intérêts généraux.

« 3° Pour que la démocratie soit possible, il faut que ces deux intérêts cessent d'être dissociés.

« La force qui, non seulement pourra les réunir, mais les identifier, nous la trouverons dans le christianisme.

« Le Christ est, pour nous, à la fois la plus large expression de l'intérêt général et la plus étroite expression de l'intérêt particulier. 1° La justice, la vérité, l'amour fraternel ne sont pas à nos yeux des entités théoriques, de simples abstractions de l'esprit ; leur expression la plus haute et la plus complète, c'est Dieu, et Dieu se faisant homme et se communiquant à l'homme, c'est-à-dire Jésus-Christ. Le règne de Dieu sur la terre, voilà bien, pour nous, l'intérêt général humain le plus général.

« 2° Mais ce Christ ne demeure pas dans le lointain d'un ciel inaccessible. Il attire tout à lui ; bien plus, il descend en chacun de nous : il s'empare de nous ; il nous divinise puisque, selon l'expression de l'Apôtre, nous devons être comme des Christs... Dans la mesure même où nous nous serons donnés à cet intérêt général, nous aurons donc servi notre intérêt particulier le plus véritable, et parce que nous ne pouvons accomplir l'œuvre du Salut, c'est-à-dire être éternellement heureux que par le Christ, et parce que nous ne réalisons pleinement notre destinée, nous n'arrivons à notre complet épanouissement que si nous vivons la vraie vie qu'il nous apporte avec lui.

« Intérêt général et intérêt particulier ne peuvent donc plus s'opposer, puisque — non d'une façon théorique et pour l'ensemble de la race, mais pour chacun de nous et à chaque instant — nous ne pouvons atteindre nos fins individuelles qu'en servant les fins idéales les plus universelles de l'humanité.

« 4° On comprend, dès lors, comment le christianisme est utile, pour ne pas dire indispensable à la démocratie telle que nous la concevons.

— « Mais, dira-t-on, si je ne crois pas à Jésus-Christ, je ne puis pourtant pas admettre une telle argumentation.

— « Comment donc !... nous n'avons nullement ici essayé de prouver la divinité de Jésus-Christ, mais tout simplement que la croyance à la divinité de Jésus-Christ est une force qui, en subordonnant l'intérêt particulier à l'intérêt général, rend la démocratie possible... »

Je crois en toute sincérité rendre aussi hautement justice que tant d'autres aux brillantes qualités de M. Marc Sangnier, à son talent d'orateur, et non moins à son ardente foi religieuse, à son zèle.

C'est pour cela que je suis embarrassé de dire ici toute ma pensée. Cependant, il me semble que, vu la gravité de la question, c'est un droit évident et un devoir rendus plus sérieux encore par l'énorme influence qu'exerce le Directeur du Sillon, et par son rôle comme grand initiateur de l'éducation populaire.

Or, il me paraît avoir fait dans cet article un véritable amas de confusions, de sophismes et d'erreurs.

La formule exacte de sa démonstration est contenue, si je ne me trompe, dans ce raisonnement :

La démocratie, pour se réaliser, exige la solution du conflit entre l'intérêt privé et l'intérêt général. Or, le Christ résout le conflit de l'intérêt privé avec l'intérêt général. Donc la démocratie postule impérieusement le christianisme.

Pour répondre avec la précision et la rigueur des formes logiques, il faudrait dire :

Je nie la majeure, je nie la mineure, et je nie la conséquence ; c'est-à-dire : il est faux que la démocratie (si tant est qu'elle représente ici quelque chose) exige la solution d'un conflit entre l'intérêt privé et l'intérêt général ; il est faux que le Christ soit la solution du conflit dont il est question ; et quand l'une et l'autre proposition resterait vraie, il serait encore faux d'en conclure que la démocratie postule nécessairement le christianisme (1).

(1) On peut remarquer tout de suite qu'au lieu de tirer la conclusion annoncée, M. Marc Sangnier s'est borné à dire en finissant : « On comprend, dès lors, comment le Christianisme est utile, pour ne pas dire indispensable (lequel des deux ?) à la démocratie telle que nous la comprenons. C'est déjà toute autre chose que d'affirmer : « les hommes *n'auraient pas pu concevoir* la démocratie sans le Christ. »

Tout est faux, rien de vrai comme thèse, rien de réel; la clef-de-voûte se tient donc toute seule en l'air; elle-même s'évanouit au regard.

QUESTION PRÉJUDICIELLE

Une question préjudicielle se pose, d'où il pourrait ressortir que la démocratie n'est ici qu'un mot sans signification précise, et qu'à ce mot ne répond aucune réalité. La démonstration serait alors sans objet; on parlerait dans le vide.

La démocratie, sur les lèvres mêmes de M. Marc Sangnier, se présente sous deux aspects différents. Que dirait-on, s'il fallait les éliminer l'un et l'autre?

La démocratie a son aspect *social* et son aspect *politique*. Ce n'est pas le directeur du Sillon qui le niera, puisque la grande valeur de la définition donnée par lui consiste, nous l'avons vu, à poser les conditions internes de son développement sous ce double rapport, c'est-à-dire, à en faire sortir par voie de conséquence la forme républicaine et les réformes sociales (1).

« Le Sillon doit être un inspirateur d'œuvres sociales. » Il doit encourager le mouvement syndical, les coopératives, etc. (2). Mais aussi : « *Gardons-nous de la superstition des mots : on n'est pas démocrate parce qu'on s'occupe d'œuvres sociales : on est démocrate parce que l'on veut développer la conscience et la responsabilité de chacun* (3) »; ou encore : « Pour être en

(1) Nous verrons plus loin dans quel sens et avec quel bonheur M. Marc Sangnier se défend de faire de la démocratie politique.

(2) *L'Esprit démocratique*, 1re p., ch. VI.

(3) *Ibid.*, 2e partie, chap. VII.

démocratie, il ne suffit pas d'être gouverné par de bonnes lois sociales, de bénéficier d'une législation ouvrière tutélaire, il importe que chaque citoyen soit gardien de la chose publique (1). »

Or, il n'est pas superflu de s'en enquérir, est-ce par son côté politique, ou par son côté social, que la démocratie de M. Marc Sangnier ne se peut concevoir sans le christianisme et le postule impérieusement?

Sous le rapport politique, le christianisme est complètement indifférent à la démocratie.

Sous le rapport social, la démocratie catholique ne se distingue pas de l'influence sociale du catholicisme. Dire qu'à ce second point de vue la démocratie postule le christianisme, c'est dire que l'action sociale du christianisme n'est pas séparable de son influence sociale; c'est ne rien dire du tout; c'est de la phraséologie pure, une vraie tautologie.

Que, par le développement de l'initiative individuelle, la conscience et la responsabilité civiques de chacun soient portées à leur maximum; que chaque citoyen soit gardien de la chose publique; qu'une réalisation possible de la démocratie soit la forme républicaine, c'est avec quoi le Christ et la religion n'ont rien à voir directement.

L'histoire, aussi bien que la raison et la doctrine catholique, donnerait le plus catégorique démenti à celui qui, envisageant la démocratie sous cet aspect, soutiendrait que les hommes n'auraient pu la concevoir sans le Christ.

Par conséquent lorsqu'on nous parle des aspirations démocratiques du christianisme, de son excel-

(1) *L'Esprit démocratique*, 1re partie, chap. VII.

lence démocratique, on ne peut appliquer de telles formules à la démocratie prise dans son acception politique, sans une grossière équivoque, propre à engendrer la confusion dans l'esprit des masses.

Non ; ce n'est pas une forme politique, mais un état social, un état social pénétré par le christianisme, que l'éloquent conférencier désigne sous le nom de démocratie, quand il s'écrie :

« Nous, Messieurs, nous savons où est l'âme de la démocratie.

« Nous savons, et quel homme de sens rassis pourrait en douter, *que les idées démocratiques ne sont pas venues naturellement aux hommes.* Nous savons que, dans l'antiquité, pour un citoyen libre il y avait neuf esclaves ou ilotes, un peu moins que des bêtes de somme, un peu plus que des choses. *Un homme s'est levé, qui, contre la barbarie politique, a fait prévaloir le principe démocratique*, une doctrine s'est fondée qui chaque jour fait reculer l'oppression et la nature elle-même devant la sainte liberté des âmes : cette doctrine est la doctrine chrétienne que nous savons être divine, cet Homme est le Christ Jésus notre Dieu !

« Lui seul a fondé, *Lui seul maintient le principe démocratique :* il ne saurait donc y avoir de démocratie contre le christianisme (1). »

Ce principe démocratique, quel est-il, sinon celui de l'égalité et de la fraternité chrétiennes ? — Les disciples de M. Marc Sangnier s'appliquent à nous le dire, à leur tour :

« On nous dit d'aller au peuple ; et nous sommes de bonne volonté, mieux même, nous le désirons vivement. Notre raison en sent la nécessité ; mais ce n'est pas toujours. Nous ne sommes pas tous en relations directes

(1) *Le Sillon*, 10 sept. 1899.

avec des gens de la classe populaire, comme un industriel, un patron, un ingénieur. Souvent, d'autres relations nous gênent pour établir un rapprochement d'amitié : relations de chef à employé, de maître à domestique, etc... Il y a des rangs à garder, de l'autorité à maintenir, du respect à faire observer : bref des situations très délicates, sans doute, — auxquelles pourtant *l'esprit démocratique, le fameux esprit démocratique*, saura toujours trouver des solutions particulières satisfaisantes. Ah ! si chacun dans sa sphère, chacun dans sa profession, chacun dans sa maison savait établir avec tous ceux qui sont en contact avec lui les simples, les justes, les chrétiennes relations qu'il convient, comme on en verrait promener d'un commun accord la question sociale (1) !... »

Il est impossible de reconnaître plus clairement que le fameux esprit démocratique, en tant qu'il postule le christianisme, n'est autre chose que l'esprit chrétien dans les rapports sociaux.

Mais alors voilà bien le cas de dire : « N'ayons pas la superstition des mots ; on n'est pas démocrate parce qu'on s'occupe d'œuvres sociales... »

La démocratie dont on nous parle ici est donc chrétienne par définition même (2), et ne se distingue pas de l'action civilisatrice du christianisme. Par conséquent, entreprendre de démontrer qu'elle la postule est tenter un coup non moins extraordinaire que d'enfoncer une porte ouverte à deux battants.

La démocratie à laquelle on consacre cette démonstration n'est qu'un mot vide de sens.

Mais les affirmations données pour base à cette démonstration sont tout à fait dignes d'examen.

(1) *Le Sillon*, 10 sept. 1899.

(2) « Animée de l'esprit chrétien, notre démocratie sera, si l'on veut, un des aspects de la démocratie chrétienne » (note de l'article en discussion). Nous aurons à revenir sur cette assertion.

LE CONFLIT ENTRE L'INTÉRÊT PRIVÉ ET L'INTÉRÊT GÉNÉRAL

« Le grand obstacle à la réalisation de la démocratie, c'est le conflit entre l'intérêt privé et l'intérêt général. La conscience et la responsabilité des intérêts particuliers offusqueront la conscience et la responsabilité des intérêts généraux. Pour que la démocratie soit possible, il faut que ces intérêts cessent d'être dissociés. »

Ainsi formulée, cette proposition ne semble pas admissible.

Qu'il puisse y avoir conflit entre ces intérêts d'ordre différent, en des cas déterminés, même nombreux, et sous quelque forme de société politique que ce soit, c'est une constatation banale et sans portée.

Que l'intérêt privé doive être subordonné à l'intérêt général, *dans une certaine mesure*, sous quelque forme de société politique que ce soit, personne ne le discutera.

Mais qu'il existe une seule organisation politique excluant la coexistence de ces deux intérêts, exigeant « une force *non seulement capable de les réunir, mais de les identifier* », — et c'est là la thèse de M. Marc Sangnier, c'est sur quoi porte son argumentation, — voilà qui nous paraît contraire aux données les plus positives de la science morale et du droit naturel.

Il est impossible, en effet, d'admettre qu'aucune forme politique, même la démocratie républicaine, exige la subordination totale de l'intérêt particulier à l'intérêt général, au point de les absorber l'un dans l'autre.

L'opposition ainsi placée par M. Marc Sangnier

au point de départ de sa théorie rappelle ces *antinomies*, sur lesquelles Kant fondait ses thèses cosmologiques. Là où il n'y a que distinction entre les objets, le père de la philosophie contemporaine mettait séparation, opposition complète ; et, ensuite, pour résoudre les impossibilités créées par son imagination, il ne trouvait que des solutions encore plus chimériques.

Il n'y a qu'un cas où M. Marc Sangnier soutiendrait *logiquement* sa thèse ; mais les conséquences en sont si graves qu'on hésite à l'envisager.

C'est celui où il faudrait voir une application de ce principe dans un certain nombre d'affirmations à lui familières, concernant l'individu, la famille, la patrie. (Voir l'appendice I.)

Déjà leur sens obvie n'est pas sans causer de l'étonnement. On est obligé de les interpréter, en se défendant d'y voir autre chose que l'abus des formes déclamatoires.

Mais la présente argumentation en précise singulièrement la portée; et si c'est par elle qu'on doit les expliquer, ces propositions donneraient à sa théorie une ressemblance marquée avec les pires utopies humanitaires de ce siècle.

L'erreur mystique que nous signalerons plus loin n'effacerait ni ne corrigerait les erreurs sociales. Elle ajouterait seulement des erreurs de doctrine.

Ce sont des propositions comme celles-ci :

« Quand donc verra-t-on, non pas quelques rares individus perdus dans la foule et désavoués par tous, mais des groupes entiers d'hommes travaillant en vue du bien commun, sans se souvenir de leurs intérêts personnels *et parvenus même à confondre leur propre intérêt avec le bien commun* (1) » ?

« Il y a un égoïsme familial, plus funeste parfois que l'égoïsme individuel parce qu'il se cache sous les dehors trompeurs d'un dévouement sans bornes, parce qu'il se dissimule sous l'apparence d'un devoir sacré. Il faut pourtant avoir le courage de regarder la vérité en face. Nous ne saurions trop répéter que *la famille n'est pas un but, mais un moyen*. Il n'y a qu'un but : Dieu. Il n'est pas possible d'adorer Dieu sans reconnaître qu'on doit tout orienter vers ce but unique, tout lui sacrifier, s'il le faut (2) ».

« Hâtons-nous de faire comprendre que l'on peut être un bon époux, un bon père et cependant préférer à tout l'œuvre sainte qui seule est digne qu'on s'y dévoue corps et âme, sans réserve, parce qu'elle se confond avec Dieu même (?). Prouvons plus encore, que l'on ne peut être vraiment bon père et bon époux qu'en honorant assez sa famille pour être capable d'en faire sciemment un instrument de travail au service de la vérité et de la justice dans le monde (3) ».

« Si nous nous considérons positivement comme camarades, c'est parce que la profession qui fait vivre chacun de nous, l'argent ou l'intelligence que nous apportons en naissant, notre famille même, nous considérons tout cela non comme un but, mais comme un instrument subordonné au seul but que nous reconnaissons : travailler à la justice de Dieu ici-bas... Et je ne vois véritablement pas comment et par quel sophisme un chrétien pourrait jamais arriver à être sur ce point en contestation avec nous (4) ».

« Quant à la famille, cette vraie cellule primitive de la société, comment n'aurions-nous pas pour but de la

(1) *L'Esprit démocratique*, page 163.
(2) *Ibid.*, p. 61.
(3) *Ibid.*, p. 65.
(4) *Ibid.*, p. 87.

pénétrer de l'esprit du Sillon et quel beau rêve que celui de réaliser enfin entre des familles, fraternelles et libres de toute attache (?) avec ce monde que le Christ a maudit un coin tout au moins, de cette cité idéale dont parlait le P. Gratry et où tous s'aimeraient, ville mystérieuse, que nul, hélas ! n'habita jamais, mais dont plusieurs pourtant gardent en eux la chère et attirante nostalgie (1) ».

« Chaque congrès social nous mettait à même de préciser notre conception de l'organisation future et accroissait le patrimoine de nos idées communes. De mieux en mieux, nous sentions que le régime capitaliste actuel et que le salariat ne sont pas éternels, que la conception même que nous nous faisons aujourd'hui de l'État et de la patrie territoriale se modifieront nécessairement et ne seront pas affranchis de la loi d'évolution qui entraîne tout ici bas (2) ».

Le Sillon du 10 janvier 1905 juge la tentative de certains esprits positivistes pour reconstruire notre société :

« Partant de cette conception toute négative de défense nationale, ils voulurent aboutir à une conception positive de régénération française. « La patrie territoriale, voilà le dogme ! » proclamèrent-ils. Ils niaient évidemment que *la patrie n'est qu'un moyen et que le but unique ici-bas, c'est le règne de Dieu sur la terre,* c'est-à-dire dans les âmes ».

Le mois suivant (25 février 1905), *le Sillon* rend compte d'une discussion soutenue par M. Marc Sangnier sur les doctrines nationalistes, où il marque « le fossé profond qui les sépare de sa conception démocratique ».

« Le Nationalisme, dit-il, est la doctrine qui consiste à

(1) *L'Esprit démocratique*, p. 21.
(2) *Le Sillon*, 10 janvier 1905.

voir, dans la forme spéciale de la patrie à l'heure actuelle, le but suprême de l'effort humain. Nous considérons, au contraire, que, si la solidarité humaine tend à grouper les hommes et non à les isoler, les formes sociales que peut enfanter cet esprit d'association se sont profondément modifiées avec le cours des siècles. — Dès lors, la patrie territoriale ne peut guère nous apparaître que comme une époque, une phase dans l'évolution de ce sentiment de l'âme humaine.

«... Contre ce développement exagéré de cet esprit de classe, il faut qu'intervienne... l'État, dont le rôle est de coordonner, dans une portion déterminée du territoire, les forces économiques et d'être l'organisme de défense des intérêts généraux...

« ... Dès lors, la nation ne peut plus être pour nous le but suprême, mais le champ d'expériences où nous devons servir l'humanité. Nous n'aimons pas la France seulement pour elle-même, mais nous voulons qu'elle serve une cause plus grande qu'elle et nous la chérissons assez pour la juger digne (encore qu'il y ait, en somme, quelque contradiction dans une semblable hypothèse) de se sacrifier, s'il le faut, à cette cause même (1). N'est-ce pas, d'ailleurs, le rôle propre de la France dans l'histoire, de défendre toutes les grandes idées ?

— Alors, dit un contradicteur, vous sacrifiez la patrie à la religion, par exemple ?

— « Evidemment, répond Marc Sangnier, je suis catholique avant d'être Français, de même que j'admets fort bien qu'un socialiste considère cette qualité comme primant sa nationalité. — On met la patrie au premier rang ou à aucun, réplique le contradicteur. — Votre nationalisme aboutit donc à un dogme opposé à la religion. — Mais quelle serait la situation d'un Sillonniste en guerre devant des adversaires qui sont ses coréligionnaires ? —

(1) C'est ce que le rédacteur résume dans son compte-rendu, par ce titre marginal : *Gesta Dei per Francos.*

C'est là qu'apparaît le conflit et que *l'idée de patrie aboutit à une situation immorale* (!) »

Et tout récemment :

« Ce que l'histoire ne peut évidemment encore nous apprendre, c'est *comment la démocratie*, dont nul n'est assez aveugle pour nier l'irrésistible montée, *comprendra et réalisera la patrie*. Tout au plus pourrait-on essayer de pressentir quelques-uns des caractères de cette patrie nouvelle, plus *dégagée peut-être de l'oppression de trop lourds atavismes héréditaires, moins imposée, mieux consentie, plus spiritualisée en un mot*. Quant à nous, bien loin de faire, avec les nationalistes, *du salut national* la fin suprême de tous nos efforts, nous considérons que l'amour de la patrie ne doit être qu'une spécialisation de l'amour plus large et plus élevé de Dieu pour les hommes. Nous aimons la France parce que nous entendons nous servir d'Elle pour travailler à faire régner plus de justice dans le monde (1) ».

En définitive, c'est la démocratie qui appelle la suppression de la patrie :

« Au point de vue politique, Marc Sangnier, récemment, s'efforçait d'approfondir la crise de l'idée de patrie territoriale (2). De nos jours, « les frontières ne limitent pas le plus souvent, écrivait-il, les intérêts économiques ou religieux, et c'est donc par-dessus ces fragiles remparts que tendraient à s'établir de nouvelles patries fondées sur les intérêts matériels ou moraux les plus aigus et les mieux sentis.... ».

« Or, dans cette évolution vers la démocratie, puis-

(1) *Le Sillon*, 25 mars 1905.

(2) Ailleurs on lit dans *le Sillon* : « Il nous apparaît bien que *dans une patrie territoriale* il est indispensable de recourir au suffrage universel. » (*Le Sillon*, 25 avril 1905.) — On a donc, au Sillon, la conception d'une *patrie* qui ne serait pas *territoriale*. Ici encore nous voilà aux prises avec cet art redoutable de conserver les mots en les vidant de leur signification essentielle.

sante, irrésistible, l'élément économique semble prendre chaque jour plus d'importance. Par contre, l'élément territorial — région ou province — tend à s'effacer, ce dont les monarchistes évidemment ne se rendent pas assez compte; les intérêts économiques priment d'ores et déjà les intérêts territoriaux (1). »

— Dans une réunion publique, M. Marc Sangnier, discutant avec les partisans de la République universelle et les socialistes humanitaires, s'écriait :

« Nous aimons passionnément la France, mais nous la considérons comme le champ d'expérience de l'humanité et nous sommes en quelque sorte des patriotes internationalistes (2). »

En quelque sorte? Vous êtes trop modeste. Tendez-leur hardiment la main, mais ne soyez pas étonné si d'autres retirent la leur ; et surtout, de grâce, cessez l'hymne à nos traditions françaises que vous vous croyez obligé de célébrer depuis quelque temps. Enfin, dégagez, dégagez la religion de toute compromission avec de telles doctrines. Où avez-vous trouvé chez elle rien qui leur fût un encouragement ?

Depuis la première publication de cette étude a paru un drame social composé par M. Marc Sangnier, pour mettre ses idées en action sur la scène. La vie y est mise en cohérence parfaite avec ses utopies et éclaire singulièrement les propositions que nous venons de relever.

Le lecteur en jugera, s'il se reporte à l'appendice I de cette brochure (3).

(1) *Le Sillon*, 25 avril 1905.
(2) *Le Sillon*, 10 juin 1903.
(3) Voir Appendice, page 186.

LA SOLUTION DU CONFLIT PAR LE CHRIST

Le rôle de M. Marc Sangnier, comme initiateur de l'éducation populaire et professeur d'enseignement social pour la jeunesse ouvrière, intellectuelle et même cléricale, qui se range avec enthousiasme sous sa discipline, rend d'autant plus dangereuses les erreurs dans lesquelles il glisserait.

Or, il apparaît tout d'abord, par l'argumentation où il condense la moëlle de sa doctrine, que, dans les questions d'une gravité primordiale, le chef du Sillon met en opposition les uns avec les autres des principes qui doivent se concilier, et confond ceux qu'il est essentiel de distinguer.

Il oppose, dans la Société, l'intérêt privé à l'intérêt général, non pas à l'état de divergences accidentelles, mais à l'état de conflit irréductible, à un état de dissociation tel qu'il rend la démocratie impossible, et exige une solution d'ordre naturel.

Cependant, personne n'ignore que l'intérêt privé des individus, de la famille, des groupements sociaux, et l'intérêt général de la société peuvent, doivent coexister et se concilier l'un avec l'autre, en vertu des lois naturelles qui régissent toute société humaine. Quoiqu'il y ait nécessairement subordination de l'un à l'autre, dans la mesure où l'un est tenu de contribuer à la fin de l'autre, y trouvant d'ailleurs son utilité, ce serait aller directement contre la fin de la société d'absorber l'intérêt privé dans l'intérêt commun.

Par conséquent, s'il était une forme de société politique qui exigeât cette absorption, cette identification, fût-ce la démocratie que M. Marc Sangnier entreprend de fonder, elle serait contre la loi naturelle, cela n'est pas douteux.

Il semble donc complètement faux de poser en thèse générale :

Dans la société humaine, la conscience et la responsabilité des intérêts particuliers offusquent la conscience et la responsabilité des intérêts généraux et pour rendre la démocratie possible, il faut que ces deux intérêts cessent d'être dissociés, qu'ils soient identifiés.

Il est encore plus faux, si c'est possible, que la démocratie trouve dans le christianisme une force capable de réaliser cette identification.

M. Marc Sangnier, tout à l'heure, posait gratuitement une opposition irréductible entre l'intérêt privé et l'intérêt général, maintenant il n'arrive à le résoudre qu'en confondant l'ordre naturel avec l'ordre surnaturel.

La première erreur conduisait à l'humanitarisme le plus antisocial, la seconde ajoute à ces conceptions l'apparence du mysticisme et de l'illuminisme.

De quelle nature sont l'intérêt privé et l'intérêt général que M. Marc Sangnier voit s'opposer l'un à l'autre dans l'individu, la famille, la corporation? D'ordre purement temporel :

« L'individu verra son bien en opposition avec celui de l'État : il sera tenté de s'enrichir en appauvrissant la cité, de fortifier son pouvoir en amoindrissant celui de la nation. De même la prospérité d'une famille pourra être contraire à celle de la patrie, le profit d'un métier ou d'une profession à celui de l'ensemble des autres professions. »

Quelle solution M. Marc Sangnier nous présente-t-il dans le Christ? — Une solution purement surnaturelle.

Par conséquent, à moins de confondre l'ordre naturel avec l'ordre surnaturel, et de les absorber l'un dans l'autre, le conflit est d'un certain ordre, la solution est d'un autre, et rien n'est donc résolu.

Le raisonnement développé dans cette troisième partie de l'article est une application de cet axiome: deux choses égales à une troisième sont égales entre elles.

L'intérêt général de la société c'est la justice, la vérité, l'amour universel. Or, Jésus-Christ est éminemment et personnellement tout cela; il représente donc parfaitement l'intérêt général; et, comme la plus haute expression, la plus universelle de l'intérêt général, il exprime la fin la plus universelle de la société. Mais Jésus-Christ est en même temps notre fin individuelle et la plus haute expression de notre intérêt privé. Donc l'intérêt privé et l'intérêt général se rencontrent, s'identifient dans le Christ. Voilà l'argumentation de M. Marc Sangnier.

Il ne lui faut pas moins qu'une telle combinaison d'erreurs pour échafauder son système.

D'une part, la fin naturelle de la société humaine confondue avec la fin surnaturelle du genre humain; de l'autre, la fin surnaturelle de l'homme identifiée avec sa fin naturelle; et, dans l'un et l'autre cas, l'intérêt éternel absorbant l'intérêt temporel (1).

(1) Assurément personne ne peut contester la coordination et l'influx réciproque de ces deux fins, la fin naturelle de la société et la fin surnaturelle de l'humanité. Lorsqu'on travaille au règne de Dieu sur la terre, le reste est donné par surcroît. Le bien temporel s'accroît avec la foi et la piété, utiles à tout. Dans ce sens, le Christ est la solution de la question sociale et de tous les conflits; il est même nécessaire aux hommes, en monarchie comme en démocratie,

De même que l'intérêt privé de l'individu s'absorbe dans l'intérêt général de la société humaine, s'identifie avec lui, ainsi l'intérêt général de la société, à son tour, s'identifie avec le Christ, avec Dieu; de telle sorte que la vraie interprétation de tout cela serait dans l'acceptation littérale de ce passage cité plus haut :

« Hâtons-nous de faire comprendre que l'on peut être un bon époux, un bon père, et cependant préférer à tout l'œuvre sainte qui seule est digne qu'on s'y dévoue corps et âme, sans réserve, *parce qu'elle se confond avec Dieu lui-même* (1). »

« *Le règne de Dieu sur la terre*, voilà bien pour nous l'intérêt général humain, le plus général. » Mais non, pas du tout. Il y a ici des équivoques inadmissibles.

Quand, tout à l'heure, vous nous prêchiez le sacri-

pour apprendre à sacrifier leur égoïsme à l'intérêt général. Mais de là à une absorption du naturel par le surnaturel, comme semble l'exiger M. Marc Sangnier, il y a la distance d'une saine et profitable doctrine à une erreur grosse des plus graves conséquences.

(1) *L'Eprit démocratique*, page 125. — On dira peut-être de toutes ces expressions que ce sont là formules oratoires qu'on aurait tort de prendre au pied de la lettre. La chose irait de soi en beaucoup de cas. Et plût à Dieu que tout se réduisît à cela ! Car les déclamations creuses, bien qu'elles aient leur danger devant les auditoires populaires, auraient moins d'inconvénients que des erreurs formelles. Mais, dans la discussion actuelle, M. Marc Sangnier ne déclare-t-il pas lui-même écarter les formes oratoires, pour donner à ses pensées une expression rigoureusement logique? Faut-il ne voir que des termes figurés ou sans signification précise, dans les formules qu'il choisit avec un soin spécial, qu'il a pour ainsi dire frappées, et qui servent de base de démonstration dans son école. (Voir entre autres *le Sillon* du 25 juillet 1904, p. 65.) Par exemple, vouloir *non seulement réunir, mais identifier* l'intérêt privé et l'intérêt général, leur trouver *un facteur d'identification*, cela peut-il avoir un autre sens que comprendre ces deux choses dans une même idée, ramener ces deux objets à ne faire que l'un et l'autre? S'il en était autrement, on en serait réduit, pour suivre M. Marc Sangnier, à oublier sa langue, à brûler le dictionnaire. Ce serait, il est vrai, moins pénible que d'être obligé de s'en armer à tout instant.

fice de l'intérêt privé à l'intérêt général, quand vous nous prêchiez de tout subordonner, situation personnelle, affaires, famille même et patrie à cette fin universelle générale qui est le règne de Dieu sur la terre, tout cela pouvait encore s'écouter avec admiration, parce que tout cela aurait pu ne s'entendre que du devoir, certain et sublime, de hiérarchiser nos intentions comme sont hiérarchisées nos fins; parce que, la nature gardant ses droits, il était beau que la grâce l'élevât au-dessus de ses vues limitées, et utile qu'elle lui maintînt devant les yeux le terme dernier où elle doit tendre.

Mais le règne de Dieu sur la terre n'est pas la fin *unique* de la société; il est sa fin dernière, non pas sa fin *prochaine* et directe.

Quand vous dites qu'il est *l'intérêt général humain le plus général*, qu'entendez-vous donc? Chaque mot cache ici un malentendu.

Cet intérêt général, représenté par le royaume de Dieu, est *humain*, il est vrai, mais en ce sens que c'est l'intérêt des hommes; il n'est pas du tout *humain* au sens que supposerait votre raisonnement, c'est-à-dire un intérêt d'ordre temporel, car c'est bien de celui-là qu'il était question dans le conflit proposé. Il est l'intérêt humain *le plus général*, en ce sens qu'il est le plus universel, mais pas du tout au sens qu'appellerait votre raisonnement, l'intérêt par excellence de la société.

En vérité, ce sont des embûches à chaque pas.

Et comment se fera-t-il que, « dans la mesure où nous nous serons donnés à cet intérêt général, nous aurons servi notre intérêt particulier *le plus véritable* »?

« Parce que nous ne pouvons accomplir l'œuvre du salut, c'est-à-dire être éternellement heureux que par le Christ, et parce que nous ne réalisons pleinement notre destinée, nous n'arrivons à notre complet épanouissement que si nous vivons la vraie vie qu'il apporte avec lui. »

Dans le premier cas, l'intérêt général, c'est le bien commun de la république; et l'intérêt particulier serait le profit, l'avantage personnel de l'individu, de la famille, de la corporation. Dans le second cas, sous ce même nom d'intérêt particulier, vous substituez la fin surnaturelle aux avantages temporels; et sous le nom d'intérêt général, vous substituez également la fin surnaturelle. Le règne et la gloire de Dieu viennent à la place du bien temporel de la société.

Et c'est ainsi que :

« Intérêt général et Intérêt particulier ne peuvent donc plus s'opposer, puisque nous ne pouvons atteindre nos fins individuelles qu'en servant les fins idéales les plus universelles de l'humanité. »

D'où il résulte avec évidence que, selon l'argumentation de M. Marc Sangnier, notre fin individuelle, comme membres de la société démocratique, n'est qu'une même chose avec notre fin surnaturelle; que la fin de la société humaine ne fait également qu'une même chose avec le règne de Dieu, fin universelle de la création; que l'intérêt privé et l'intérêt général des hommes dans la société identifiés à cette fin unique cessent, par là, d'être dissociés et s'identifient l'un avec l'autre en s'identifiant avec elle.

Ou, si ce n'est pas là ce que M. Marc Sangnier cherchait à démontrer, de quoi parlait-il?

Il est donc évident, aussi, qu'à moins de passer, par le sophisme le plus audacieux, de l'ordre naturel à l'ordre surnaturel, il est complètement faux de dire que le Christ, parce qu'il s'unit aux hommes par la grâce et les conduit à leur fin surnaturelle, identifie l'intérêt particulier avec l'intérêt général; car c'est conclure d'une fin surnaturelle commune à une identité d'intérêts naturels; raisonnement qui implique, comme on l'a vu, l'absorption de l'intérêt privé par l'intérêt général, et de l'ordre de la nature par l'ordre de la grâce, l'absorption de l'individu, de la famille, de la société en Dieu.

Remarquons, sans y insister, la barbarie de ces formules que les plus solennelles majuscules ne rendent pas acceptables, et qui font appeler Jésus-Christ notre *Intérêt particulier*, notre *Intérêt général*, un *facteur d'identification* entre ces deux intérêts... Peut-être ne fallait-il pas moins que ces formes étranges pour donner une apparence de raison à de telles chimères.

Le mot *intérêt* signifie essentiellement ce qui importe à l'utilité de quelqu'un, et n'a pas de sens en dehors de cette notion d'utilité. N'est-ce pas un étrange abus de mots, un renversement de la langue, de l'appliquer à Celui à qui tout se rapporte et qui, Lui, ne se réfère à aucun être créé?

LA CONCLUSION LOGIQUE

Comme il eût été plus simple et plus sage de ne pas faire surgir, au profit de la démocratie, ce conflit imaginaire! Mais s'il était réel, ce n'est assurément pas là qu'on en trouverait la solution.

M. Marc Sangnier a-t-il démontré que la force du christianisme, en subordonnant l'intérêt particulier à l'intérêt général, rend la démocratie possible?

On peut en juger désormais.

Non seulement la démonstration est nulle, parce que les deux propositions dont elle devait sortir sont fausses l'une et l'autre; mais, qui plus est, et qui pire est, du moins au point de vue logique, elle est nulle encore parce que, même en admettant ces propositions comme vraies, elles ne prouvent rien en faveur de la démocratie et permettent plutôt de conclure contre elle.

En sorte que la démonstration proposée joindrait aux graves erreurs contenues dans les propositions un vice absolu de raisonnement.

Et pour qu'on ne m'accuse pas de parti pris, c'est à M. Marc Sangnier lui-même que je vais en demander l'aveu.

On lit dans *le Sillon* du 25 juillet 1904 :

« Marc Sangnier faisait tout récemment, à l'Institut populaire du Xe arrondissement, une conférence intitulée : « *Pourquoi nous sommes républicains* », expliquant que, tout organisme politique national devant avoir un organe spécial chargé de la défense de l'intérêt général, un organe de la raison d'État, deux solutions théoriquement pouvaient également résoudre le problème: la solution monarchique, d'abord, avec la personnalité héréditaire du roi, la solution démocratique et républicaine ensuite, supposant une élite insuffisamment consciente et vertueuse, pour toujours s'orienter dans le sens de l'intérêt général. En monarchie le facteur d'identification de l'intérêt général et de l'intérêt particulier étant *matériel* (nous admettons que l'intérêt de dynastie se confond presque toujours avec l'intérêt national), il importe que l'autorité ne se divise pas, qu'elle reste intégralement incarnée dans une même individualité. En démocratie, au contraire, le facteur d'identification des deux intérêts étant essentiellement *spirituel* (le Christ nous apparaît à la fois comme l'expression la plus large de l'intérêt général et la plus étroite de l'intérêt particulier), plus l'élite est nombreuse, plus l'autorité devient forte, car alors il n'y a pas de *division*, mais *multiplication.* »

Je ne m'arrête pas à discuter ce qu'il y a de fantaisiste et d'arbitraire dans cette conception de la monarchie, où l'on oppose à l'élite soigneusement élaborée (par hypothèse) dans la démocratie, un individu-prince, qu'on nous représente occupant son trône au milieu de la société, à peu près comme un stylite sur sa colonne, dans le désert. Pourquoi oublier que la monarchie est une lignée d'individus, une famille, une race, non moins solidement orientée peut-être que l'élite démocratique ?

Contentons-nous de demander : le Christ est-il le partage exclusif des démocrates ? ou n'est-on pas aussi libre, en monarchie qu'en démocratie, de se donner à cet intérêt général qui sert si parfaitement notre intérêt particulier ? Le facteur d'identification *matériel* que vous reconnaissez en monarchie exclut-il le facteur *spirituel ?* Ne faut-il pas plutôt convenir que ce facteur d'identification n'est pas plus essentiellement spirituel dans un système que dans l'autre, et que, dans tout homme, fût-il de l'élite démocratique, il peut y avoir également conflit des intérêts particuliers matériels et immédiats avec l'intérêt particulier éloigné et spirituel ?

C'est ce qu'un contradicteur présent à la réunion objecta.

« Ces intérêts particuliers, immédiats, répliqua Marc Sangnier, n'auraient-ils donc aucune influence sur votre roi ?

— « Sans doute, mais, pour son cas particulier, il y a une telle disproportion entre l'intérêt dynastique, confondu avec l'intérêt général, et ses intérêts immédiats qu'il n'a pas à hésiter.

— « Cette disproportion, répond M. Marc Sangnier, n'est pas moins grande chez le démocrate entre son intérêt spirituel et son intérêt naturel et immédiat. Il faut donc — et c'est là ce qu'il est intéressant de retenir de cette longue discussion — que le roi comme tout roi démocrate soit suffisamment *vertueux* pour sacrifier son intérêt particulier immédiat à son véritable intérêt particulier identifié avec l'intérêt général. « Il faut un roi *vertueux*. L'exigence est grande pour un régime essentiellement positif et qui ne veut faire appel à aucune force morale extérieure (1). C'est peu, par contre, pour une conception qui repose entièrement sur la vertu d'une élite. Il faut un roi *vertueux*. *Nous affirmons, au nom du Christ, que cela est possible non seulement pour un, mais pour plusieurs, et voilà pourquoi nous sommes démocrates.* »

Voilà donc toute la conclusion de M. Marc Sangnier ! *Ce qui se peut pour un, se peut pour plusieurs.*

Accordons-le-lui. Mais il nous concédera bien que le problème est plus facile à résoudre dans un cas individuel que dans des cas multipliés et nombreux, et que *ce qui se peut pour plusieurs se peut pour un.*

Et, par conséquent, la même démonstration qui lui permet de conclure : « voilà pourquoi nous

(1) M. Marc Sangnier raisonne ici contre les néo-monarchistes positivistes.

sommes démocrates », permet à d'autres de conclure avec encore plus de raison : voilà pourquoi nous ne le sommes pas.

Le beau résultat, mais à quel prix obtenu!

De toute cette construction laborieusement échafaudée avec des étais si dangereux, et élevée pour consacrer l'alliance triomphale du christianisme avec la démocratie, que reste-t-il debout? Exactement ce qui s'y trouvait au point de départ, rien de plus : ces principes d'un ordre supérieur aux formes politiques toutes contingentes, et dont aucune ne saurait être en droit de se réclamer à un titre spécial, principes d'ordre moral et surnaturel qui confèrent au christianisme la vertu efficace d'élever toute civilisation et d'atténuer, sinon de résoudre les crises, dans toute organisation sociale.

Que M. Marc Sangnier et ses amis du Sillon se contentent donc d'en chercher l'application à notre malheureux état présent; qu'ils y consacrent leur talent et leur zèle; il ne tiendra qu'à eux de faire, s'ils le veulent, d'excellente *démocratie chrétienne.*

Mais c'est justement de quoi ils se défendent.

Nous allons voir pourquoi et comment.

La démocratie du Sillon est, en effet, tout autre que la démocratie chrétienne. Mais plus elle s'en distingue, moins on pourra contester ce que nous croyons désormais avoir prouvé avec une complète évidence : que la fameuse formule « la démocratie postule impérieusement le christianisme » repose sur la plus fallacieuse équivoque.

LE SILLON

ET LA DÉMOCRATIE CHRÉTIENNE

QU'EST-CE QUE LA DÉMOCRATIE CHRÉTIENNE?

La démocratie chrétienne est simplement une dénomination plus ou moins heureuse de l'action sociale catholique.

Les Souverains Pontifes ont permis qu'on lui donnât ce nom de démocratie chrétienne, à la condition qu'il ne couvrît pas autre chose que cette action catholique, et qu'elle en suivît fidèlement les règles.

La célèbre encyclique du pape Léon XIII, du 18 janvier 1901, a pour but de déterminer cette acception et ces règles.

Elle rappelle d'abord la situation créée par les discussions touchant les questions économiques générales sous l'influence de certaines doctrines philosophiques, du développement industriel et des passions humaines. Le Pape rappelle aussi ce qu'il a fait précédemment pour y remédier et constate les résultats de son intervention.

«... Sur le terrain de l'action, le résultat a été que, pour prendre plus à cœur les intérêts des prolétaires, surtout là où ils étaient particulièrement lésés, un grand nombre de nouvelles initiatives se sont produites ou d'utiles améliorations ont été poursuivies, grâce à un esprit de suite constant. Tels sont ces secours offerts aux ignorants sous le nom de secrétariats du peuple, les caisses rurales de crédit, les mutualités d'assistance ou de secours en cas de malheur, les associations d'ouvriers, et d'autres sociétés ou œuvres de bienfaisance du même genre.

« De la sorte, sous les auspices de l'Église, il s'est établi entre les catholiques une communauté d'action et une série d'œuvres destinées à venir en aide au peuple, exposé aux pièges et aux périls non moins souvent qu'à l'indigence et aux labeurs.

« Au commencement, cette sorte de bienfaisance populaire ne se distinguait ordinairement par aucune appellation spéciale. Le terme de *socialisme chrétien*, introduit par quelques-uns, et d'autres expressions dérivées de celle-là sont justement tombées en désuétude. Il plut ensuite à plusieurs, et à bon droit, de l'appeler *action chrétienne populaire*. En certains endroits, ceux qui s'occupent de ces questions sont dits : *chrétiens sociaux*. Ailleurs, la chose elle-même s'est appelée *démocratie chrétienne* et ceux qui s'y adonnent *démocrates chrétiens ;* tandis que le système défendu par les socialistes est désigné sous le nom de *démocratie sociale*.

« Or, des deux dernières expressions énoncées ci-dessus, si la première, « chrétiens sociaux », ne soulève guère de réclamation, la seconde, *démocratie chrétienne*, blesse beaucoup de gens bien pensants, qui lui trouvent un sens équivoque et dangereux... (1).

« Comme, à ce propos, il y a couramment des discussions déjà trop prolongées et parfois trop vives, la conscience de notre charge nous avertit de poser des bornes à cette controverse, *en définissant quels doivent être les sentiments des catholiques en cette matière. De*

(1) Voir plus haut, pages 33 et s.

plus, nous avons l'intention de leur prescrire quelques règles, dans le but de rendre leur action plus étendue et beaucoup plus profitable à la Société. »

Le pape établit d'abord en quoi la démocratie chrétienne doit différer de la démocratie sociale.

Il prescrit ensuite aux démocrates chrétiens ces trois règles :

1° Ils ne doivent point préférer la forme démocratique de gouvernement à une autre ;

2° Ils ne doivent point mettre à l'écart les classes supérieures ;

3° Ils ne doivent pas, sous prétexte de démocratie, dédaigner les supérieurs légitimes.

« Après avoir rappelé ces principes, que nous avons antérieurement mis en lumière, à l'occasion, d'une façon spéciale, Nous espérons que toute discussion concernant le terme de démocratie chrétienne disparaîtra, ainsi que tout soupçon de danger quant à la chose elle-même exprimée par ce mot. Et c'est à bon droit que Nous concevons cette espérance.

« En effet, *en laissant de côté les opinions de certains hommes sur la puissance et la vertu d'une telle démocratie chrétienne, — opinions qui ne sont pas exemptes de quelque exagération ou d'erreur* — assurément personne ne blâmera ce zèle qui, selon la loi naturelle et la loi divine, tend uniquement à ce que ceux qui gagnent leur vie par un travail manuel soient ramenés à une situation plus tolérable, et aient un peu de quoi assurer leur avenir ; à ce qu'ils puissent, chez eux et en public, pratiquer la vertu et remplir leurs devoirs de piété ; à ce qu'ils sentent qu'ils sont, non des animaux mais des hommes, non des païens, mais des chrétiens ; enfin qu'ils marchent ainsi avec plus de facilité et d'ardeur vers ce bien unique et nécessaire, vers ce bien suprême pour lequel nous sommes nés.

« Voilà le but, voilà l'œuvre de ceux qui voudraient voir le peuple animé d'un esprit chrétien, heureusement soulagé et préservé du fléau du socialisme. »

Léon XIII ayant ainsi rappelé le rôle des vertus de la religion chrétienne insiste fortement sur ce que la *question sociale est une question religieuse avant d'être une question économique;* il développe les devoirs que nous impose la loi de la charité chrétienne, que nous prêchent la doctrine et les exemples du Christ imités par les apôtres et leurs successeurs et rappelle les magnifiques institutions suscitées par l'action et l'influence de l'Eglise pour le soulagement des misères humaines. Il loue l'aumône, puis il recommande également les œuvres fondées pour assurer aux pauvres un secours permanent, et il ajoute :

« Ce qui est plus louable encore, c'est de s'appliquer à former à l'épargne et à la prévoyance les ouvriers, les journaliers, de sorte qu'eux-mêmes pourvoient à eux-mêmes, au moins en partie, dans le cours de leur existence. La poursuite d'un tel but n'ennoblit pas seulement le rôle des riches auprès des prolétaires, mais ennoblit les prolétaires eux-mêmes. Car, en même temps que les riches excitent ceux-ci à s'assurer un sort plus heureux, ils mettent ainsi à couvert des risques, ils éloignent des désirs immodérés, et les poussent à la pratique de la vertu.

« Puisque donc cela est utile et approprié à notre époque, il est digne certainement que la charité des bons s'y applique avec zèle et prudence tout à la fois.

« Qu'il soit donc entendu que ce zèle des catholiques à soulager le peuple est conforme à l'esprit de l'Église et qu'il répond très bien à ses propres exemples de tout temps. Quant à ce qui y mène, savoir s'il faut l'appeler action populaire chrétienne ou démocratie chrétienne, cela importe peu, pourvu que les enseignements émanés de Nous soient observés intégralement, avec une égale soumission. »

Aucun homme de bonne foi sincère ne peut se méprendre sur la véritable portée de ce document pontifical.

Le Pape approuve et loue l'action de ceux qui s'efforcent de mettre au service de la société les forces sociales du catholicisme, mais en y posant pour condition de ne pas mêler à cette action des fins étrangères au principe du catholicisme, et en nous avertissant de ne pas attendre d'elle une complète solution de la question sociale, parce que celle-ci est, avant tout, une question religieuse.

Il a voulu faire cesser les dissentiments sur les dénominations à prendre.

Le moyen choisi pour cela est de rappeler, de fixer les règles de l'action sociale des catholiques; si elles sont observées par tous, comme il le prescrit, l'unité se rétablira, et les dénominations diverses, ne désignant plus qu'une même action commune renfermée dans les limites de l'action catholique, n'auront plus d'importance.

A cette condition — le sens est évident — il deviendra indifférent que l'action catholique se pare du nom plus ou moins heureux, comme le Pape le dit, de démocratie chrétienne.

Le Souverain Pontife Pie X a rappelé et renouvelé ces prescriptions par le *Motu proprio* du 18 décembre 1903. L'ordre et la concision avec lesquels ce document les présente en font encore mieux ressortir la force et la netteté.

Quand ce dernier acte pontifical fut promulgué, M. Marc Sangnier évita, cette fois aussi, d'en parler avec hâte; et lorsqu'après six mois il l'inséra dans sa revue, il le fit précéder d'une dissertation où il exalte la dénomination de démocratie chrétienne : « *Dès lors, la démocratie chrétienne fait partie intégrale et nécessaire du catholicisme... Il n'est donc plus loisible de refuser d'être démocrate chrétien.* »

On serait probablement trop sévère, en trouvant qu'il y a un excès d'aplomb à raisonner ainsi; il faut être indulgent, les hommes sont parfois dominés complètement par leurs idées.

Mais M. Marc Sangnier n'a pas pris garde qu'en intronisant la démocratie chrétienne il la lie du même coup.

Pourquoi la démocratie chrétienne ferait-elle partie intégrante et nécessaire du catholicisme? — C'est évidemment parce qu'elle ne fait qu'un avec l'action sociale catholique.

Pourquoi ne serait-il plus loisible de ne pas être démocrate chrétien? — Précisément parce qu'il n'est pas loisible aux démocrates chrétiens de l'être autrement que le prescrit l'Eglise, en s'écartant des règles communes de l'action sociale catholique.

LE SILLON EST-IL UNE ŒUVRE DE DÉMOCRATIE CHRÉTIENNE?

Le Sillon est-il une œuvre de démocratie chrétienne? — Eminemment.

Se conforme-t-il aux prescriptions de Léon XIII et de Pie X? — Nullement.

Après les canons d'orthodoxie qu'on vient d'entendre formuler par M. Marc Sangnier, il pourrait paraître un peu bien oiseux de demander si le Sillon s'inscrit dans la démocratie chrétienne.

Mais la souplesse de son esprit et de son talent lui permet de tenir simultanément les positions les plus opposées.

Démocrate chrétien, M. Marc Sangnier l'est assurément autant que personne. Mais, vous dira-t-il, qu'est-ce, après tout, que la démocratie chrétienne? Ce n'est pas autre chose que l'action populaire chrétienne? Or, l'action populaire chrétienne est tout à fait distincte de l'action vraiment démocratique; le Sillon fait de la vraie démocratie; la sienne, sa démocratie, n'est donc pas celle dont parlent les papes, elle garde par conséquent sa liberté d'action. — Et voilà la situation complètement retournée. Mieux on professe la loi de la démocratie chrétienne, mieux on croit être en droit de s'en affranchir.

« La démocratie chrétienne, — observe-t-on, — n'est donc ni en aucune façon une organisation politique, ni même, à proprement parler, une organisation sociale (1). » Impossible de mieux dire. N'est-il pas merveilleux qu'on abonde ainsi dans notre sens?

« La démocratie ou action populaire chrétienne — nous préférons d'ailleurs ce dernier terme — (qui l'eût cru? et d'où vient ce langage tout différent de l'autre?) — n'est pour nous, selon la définition de Léon XIII et de Pie X, « qu'une bienfaisante action chrétienne parmi le peuple, » et pas autre chose (2). »

« La démocratie que nous définissons dans cet article

(1) *L'Esprit démocratique*, p. 140.
(2) *Le Sillon*, 10 mars 1905.

(celui sur le Christianisme et la démocratie, discuté précédemment) ne se confond pas avec la démocratie chrétienne. Animée de l'esprit chrétien, notre démocratie sera, si l'on veut, un des aspects particuliers de la démocratie chrétienne (1). »

Ainsi cette profession de démocratie chrétienne, cette étiquette de démocrate chrétien, que, tout à l'heure, on imposait à tout catholique, on y renonce l'instant d'après, comme si cela suffisait pour s'affranchir légitimement des règles de conduite qu'elles imposent.

La question est de savoir si les Souverains Pontifes ont parlé pour ceux-là seulement qui se couvrent de telle ou telle dénomination, ou s'ils ont entendu prescrire des règles universelles, rendant toute question d'étiquette indifférente.

Pour nous, il nous semble évident que le devoir chrétien et la loyauté dont le Sillon s'honore lui font une égale obligation de choisir, et le mettent dans l'alternative : *ou de ne pas revendiquer pour son œuvre d'action démocratique le caractère d'action sociale catholique par excellence, ou de se conformer aux prescriptions des Souverains Pontifes*.

Est-il en effet une seule œuvre qui se réclame d'une plus étroite union et solidarité avec l'Eglise et le catholicisme, que le Sillon?

Il le fait avec une ostentation peut-être excusable, si on tient compte de l'exagération quelque peu naïve d'un sentiment généreux, mais qui, néanmoins, manifeste clairement ses prétentions.

(1) Note de l'article cité.

On a déjà entendu ces formules : « Le Sillon est une apologie vivante de la religion », « Le Sillon, c'est la religion catholique se refaisant conquérante du pays de France... ».

J'ouvre *les Nouvelles Semailles* (1) au chapitre de l'action chrétienne du Sillon :

« Il y a un grand fait nouveau dans l'histoire du catholicisme... Le mouvement glorieux de 1830 et la fameuse campagne de 1851 n'ont pas eu la profondeur et la portée qu'aura le mouvement du Sillon. — Ce mouvement, c'est avec les allures et la langue de nos contemporains la prédication et l'action d'*évangélistes* qui sont menuisiers comme Joseph, pêcheurs comme André et Pierre, corroyeurs comme Paul... qu'on ne s'y trompe pas, ce *catholicisme populaire* encore petit, encore frêle dans son corps, est immense dans son âme. »

Et dans le premier chapitre : « Marc Sangnier, celui que Charles Brun appelait sans exagération — (heureusement) — *Marc l'Evangéliste*... Sangnier est bien une âme d'évangéliste... Il a en lui un amour sensible du Christ qui le pousse à confondre son action avec celle de Jésus-Christ lui-même (?!), à laisser *évoluer ses pensées et son apostolat dans le sens même de l'inspiration chrétienne* (?)... Il ne fera pas un discours sans proclamer que le Christ est la vie et l'âme de la vie sociale...

« L'œuvre du Sillon a précisé chaque jour sa pensée et son action. Si, d'âme commune, elle est devenue peu à peu la pensée commune et l'attitude nette, c'est que Marc Sangnier et ses amis ont été, dès le début, de vrais *évangélistes*, voulant sincèrement et complètement *l'idéal chrétien dont l'expression semblait vague encore* (?), mais dont ils seraient par leur désintéressement même forcés de préciser les détails et les applications...

(1) Note de l'article cité.

« Il est presque inexact de dire qu'il y a plusieurs œuvres au Sillon. En réalité, il n'y a même pas transformation d'une œuvre à une autre, il y a épanouissement d'une seule pensée *apostolique.* »

On est tellement pénétré, au Sillon, de cette mission apostolique qu'on s'écriera tout naturellement, comme un rapporteur du Congrès de Tours : « C'est que nous aussi nous avons entendu la parole du Christ : *Euntes docete omnes gentes* (!). »

Cet abus étrange va jusqu'à appliquer aux apôtres du Sillon et à leur mission sociale les mystérieuses et divines paroles de Jésus-Christ à ses apôtres, sur la foi et la prédication évangélique. Le héros du singulier drame social qu'a écrit M. Marc Sangnier pour les représentations populaires (1) se console des contradictions en tirant son Evangile, qu'il lit sur la scène :

« Voilà que je vous envoie comme des brebis au milieu des loups : soyez donc prudents comme les serpents et simples comme les colombes. Mais gardez-vous des hommes, car ils vous feront comparaître dans leurs assemblées et ils vous flagelleront dans leurs synagogues... Et vous serez conduits à cause de moi devant les gouverneurs et les rois, pour leur servir de témoignage aussi bien qu'aux nations. Lors donc qu'on vous livrera, ne pensez ni à ce que vous direz, ni comment vous le direz, car ce que vous devez dire vous sera donné à l'heure même. Or, le frère livrera son frère à la mort et le père, le fils ; les enfants se soulèveront contre les parents et les feront mourir. Et vous serez en haine à tous à cause de mon nom ; mais celui qui persévérera jusqu'à la fin sera sauvé... Ne pensez pas que je sois venu apporter la paix sur la terre. Je ne suis pas venu apporter la paix, mais

(1) « *Par la mort.* » — Voir l'appendice I.

le glaive, car je suis venu séparer l'homme de son père, la fille de sa mère, la belle-fille de sa belle-mère et l'homme aura pour ennemis ceux de sa propre maison. Celui qui aime son père ou sa mère plus que moi n'est pas digne de moi et celui qui aime sa fille et son fils plus que moi n'est pas digne de moi... Celui qui conserve sa vie la perd et celui qui perd sa vie la sauve. »

Naturellement, on rapprochera la vie du Sillon et la vie de l'Eglise :

« Le Sillon, qui n'était d'abord qu'un mouvement instinctif et spontané, une âme commune, comme on disait alors, a précisé ses aspirations au contact même des réalités. Les contradictions qu'il a rencontrées sur son chemin lui ont permis de se définir plus nettement, *tout de même que* — on nous passera cette ambitieuse comparaison — *ce sont les hérésies qui ont été pour l'Église une occasion de définir ses dogmes.* Les œuvres économiques auxquelles il s'est mêlé ou qu'il a fondées lui ont permis, d'autre part, d'acquérir petit à petit une vivante documentation autrement plus féconde que celle qu'on acquiert au seul commerce des livres (1). »

Ou, dans un compte rendu sur *l'Esprit démocratique :*

« *De même que l'Église a été amenée à formuler progressivement ses dogmes sous la pression des hérésies, de même le Sillon a été amené, sous la pression des doctrines contraires et des critiques directes, à exprimer en formules explicites la conception de la démocratie qu'il avait commencée par vivre dans l'action de chaque jour.* C'est ainsi que nos conceptions des rapports du christianisme et de la démocratie, de l'élite de la majorité dynamique, après avoir été expérimentées par nous comme des réalités vivantes, sont

(1) *Le Sillon*, 10 février 1905.

apparues dans leur rapport logique et constituent maintenant une doctrine (1). »

L'action sociale catholique, c'est sous ce nom que M. Marc Sangnier désigne son œuvre presque à toutes les pages de ce livre tout récent : *l'Esprit démocratique*, vrai manuel et bréviaire du Sillon (2).

Mais qu'est-il besoin d'insister? *Christianisme et démocratie* ne sont-ils pas, pour M. Marc Sangnier, les deux termes de l'équation sociale? Après les démonstrations qu'il en a tentées, n'est-il pas absolument superflu d'y revenir?

La définition seule qu'il se plaît à donner du Sillon : « un mouvement social ayant pour but de mettre au service de la démocratie en France la force sociale du catholicisme », prouve déjà, avec la dernière évidence, que lui et ses amis se rangent au premier rang parmi ceux auxquels s'adressent les éloges, mais aussi les avertissements des Souverains Pontifes.

Et ce sont ces mêmes évangélistes, ces mêmes hérauts de l'action sociale catholique, c'est ce même Marc Sangnier qui posent tranquillement leur bannière dans un coin, et qui, par exemple, dans la conférence contradictoire avec Jules Guesde à Roubaix (9 mars 1905), commencent par une déclaration comme celle-ci : « Je n'apporte pas à cette assemblée les doctrines de la démocratie chrétienne, mais celles du Sillon. »

(1) *Le Sillon*, 25 février 1905.
(2) Voir, par exemple, pp. 28, 120, 124, 132.

Dans une récente communication à *la Justice sociale*, *le Sillon* disait :

« Comme tous les catholiques qui s'occupent d'action sociale populaire, nous sommes des démocrates chrétiens ; mais nos méthodes, nos idées, notre tempérament nous sont propres. »

Il est assez piquant de l'entendre admonester par l'organe des démocrates chrétiens, la *Revue de la Démocratie chrétienne*. Elle dit à l'occasion de ce qui se passa à Roubaix :

« Certes, nul plus que nous n'admire Marc Sangnier. Son âme de feu, son esprit sincèrement démocratique, son sens aigu de l'apostolat, sa foi ardente et conquérante, nous les voudrions voir passer dans notre jeunesse et parmi les ouvriers. Mais nous nous permettons, en toute franchise et en toute amitié, de lui dire qu'en face de la classe ouvrière, en face des travailleurs, il ne fera de bien profond que s'il sème dans *le Sillon*, non pas de la démocratie, mais de la démocratie chrétienne...

« Il parle souvent de la vie, de se laisser conduire par la vie. Soit ! mais la vie n'est pas d'hier. Elle a déjà produit dans l'Eglise, depuis 18 siècles, des fruits abondants de doctrine et d'œuvres qui sont *acquis*, qu'il ne faut plus attendre, ni escompter, mais utiliser (1). »

C'est donc très vainement que *le Sillon* essaie d'établir une distinction :

« La démocratie que nous définissons dans cet article (2) ne se confond pas avec la démocratie chrétienne. Animée de l'esprit chrétien, notre démocratie sera, si l'on veut, un des aspects particuliers de la démocratie chrétienne. Le Pape pose les conditions nécessaires de toute

(1) Numéro du 6 avril 1905.
(2) *Christianisme et Démocratie* (voir plus haut).

démocratie chrétienne. Chaque peuple, chaque groupe d'individus conçoit un certain type d'organisation sociale. Les catholiques comme les autres citoyens ont toute liberté d'user de leur droit et de leur initiative civiques. L'idéal catholique, qui est universel, reçoit ainsi des applications multiples et variées. Le Christ ayant d'ailleurs distingué les deux pouvoirs, *on n'est pas en droit d'attendre de l'Eglise autre chose que l'expression des vérités éternelles dont elle a la garde et les directions qui lui sont propres et qui se rapportent toujours à son magistère religieux.* »

Or, le Pape ne se borne pas à poser certaines conditions nécessaires de toute démocratie chrétienne, il trace des règles universelles de conduite, un programme d'action commun à tous ceux qui veulent faire de la démocratie au nom du catholicisme. M. Marc Sangnier n'est-il pas de ceux-là?

La question n'est pas non plus de savoir si ces règles enferment tellement la ligne de conduite des catholiques qu'elle ne leur laisse la liberté d'aucune autre initiative, mais si l'*initiative qu'ils prennent est en opposition avec ces règles.*

Oui, assurément, « les catholiques, comme les autres citoyens, ont toute liberté d'user de leur droit et de leur initiative civiques ». Mais ont-ils le droit de solidariser leur religion avec les formes de cette initiative civique et de faire entrer la démocratie catholique dans un ordre de questions que les Papes déclarent fermé pour elle? C'est là pourtant ce que l'école du Sillon devrait soutenir.

Et quand on nous dit : « qu'on n'est pas en droit d'attendre de l'Eglise autre chose que l'expression des vérités éternelles dont elle a la garde, et des directions qui lui sont propres et qui se rapportent toujours à son magistère religieux », il devient difficile de ne pas voir, sous ces formes de déférence et de respect, une certaine notification d'indépendance.

Les mêmes hommes qui prétendent sceller l'alliance du catholicisme et de la démocratie, et s'offrent comme « de vrais évangélistes, voulant sincèrement et complètement l'idéal chrétien dont l'expression leur semblait vague encore, mais dont ils allaient préciser les détails et les applications », qui, tout à l'heure, parlaient d'*orienter la vie catholique*, s'expriment comme s'ils prétendaient donner au catholicisme l'orientation que l'évolution de la vie et les événements leur donneront à eux-mêmes, dans les questions politiques et sociales.

L'Eglise est avertie de se renfermer dans les directions qui se rapportent à son magistère religieux; et non seulement on n'est pas loin de se croire indépendant de sa direction dans l'action sociale (1), mais on mettra sans son aveu, contrairement à ses vues les moins douteuses, la force morale et sociale du catholicisme au service de conceptions politiques.

Au fond, comme on va le voir, tout se ramène à ce dernier point.

Ce que le Sillon appelle *action sociale, organisation sociale, initiative sociale*, n'est qu'action, organisation, initiative principalement *politique*.

Ici encore se retrouvent ces confusions de mots, ces équivoques accréditant les idées fausses dans les milieux populaires, insinuant partout l'erreur, et dont la funeste influence rendra inévitablement stériles, parfois nuisibles, les efforts les plus généreux.

(1) Voir plus loin : *le Sillon et la Question sociale*.

LE SILLON ET LA POLITIQUE

Toute forme de gouvernement doit s'accorder avec la morale et la religion. Mais la politique est neutre de sa nature; aucune forme de gouvernement n'est par elle-même catholique ou anticléricale.

Loin de nous la pensée de contester aux catholiques républicains ou monarchistes le droit d'avoir leurs préférences formelles en politique, ni, non plus, celui de chercher à les faire prévaloir dans l'opinion et dans les faits, par leur action individuelle ou collective, du moment qu'ils se placent directement sur le terrain de l'*action politique*.

Mais un groupement qui se place sur le terrain de l'*action catholique*, comme le fait éminemment le Sillon, doit, tout en laissant à ses membres la liberté de leur initiative individuelle, tout en les excitant à participer aux affaires du pays, considérer la question de la forme du gouvernement comme indifférente à la fin qu'il poursuit, et ne pas lui subordonner la défense des intérêts moraux et religieux.

C'est du point de vue de l'action catholique que ce chapitre est écrit.

Peu de personnes, peut-être, ont remarqué que la revue du Sillon a récemment modifié son titre.

Précédemment elle s'intitulait : *Revue d'action sociale catholique;* mais depuis son dernier congrès, elle est devenue *Revue d'action démocratique* (1).

Ce changement marque évidemment le résultat d'une évolution.

Loin de moi la pensée de le critiquer, j'y vois au contraire un premier pas vers une situation plus nette.

Peut-être l'explication que je donnerai de ce fait différerait-elle de celle de M. Marc Sangnier. Toujours est-il que, dans ses calculs, il a nécessairement une raison d'être.

L'explication naturelle que j'en trouve est celle-ci : l'*action démocratique* désigne, au vrai sens du mot, une *action politique;* ce nouveau titre du *Sillon* caractérise donc avec exactitude le mouvement qu'il propage de plus en plus ouvertement.

C'est cela, rendons aux mots leur signification naturelle, renonçons à leur faire exprimer ce qu'ils n'ont jamais voulu dire, tout le monde se comprendra enfin et les situations deviendront claires.

Et si *le Sillon* reste simplement *revue d'action démocratique*, sans se donner pour l'organe du catholicisme; si l'école et son chef se décident à faire de la démocratie politique, autant qu'il leur plaira, mais en renonçant à lui chercher sa raison d'être dans leur foi, ce sera, très tardivement, il

(1) Numéro du 25 février 1905. Pour ménager la transition, il y eut une courte période intermédiaire, pendant laquelle *le Sillon* ne prit plus aucun titre.

est vrai, mais enfin ce sera très heureusement prendre la seule position digne d'eux.

Mais, à ce compte, j'aurais voulu que ce qui s'appelle aujourd'hui *action démocratique* sur la couverture du *Sillon* prît aussi le même nom dans le livre de M. Marc Sangnier, *l'Esprit démocratique*, publié à l'heure même où se faisait ce changement d'étiquette.

Or, dans ce livre, il n'est question partout, nous l'avons vu, que d'*action sociale catholique*. Là se maintient, se perpétue, entre ce qui est d'ordre social et ce qui est d'ordre politique, une confusion qu'il serait enfin temps de dissiper une bonne fois.

Il est vrai qu'alors apparaîtrait trop clairement peut-être l'opposition entre l'*action populaire chrétienne* que les Souverains Pontifes autorisent à s'appeler *démocratie chrétienne*, et la *démocratie d'ordre tout différent* que *le Sillon* prétend servir au nom du catholicisme et de l'Eglise.

Si les mots, en France, ont encore une signification, ce qui est *social* et ce qui est *politique* ne se doit pas confondre.

L'ordre social et l'ordre politique ont des rapports nécessaires et nombreux; intéressant les mêmes sujets, ils influent inévitablement l'un sur l'autre, mais n'en demeurent pas moins distincts l'un de l'autre, par une nature et une fin propres à chacun.

L'ordre social, la vie sociale, les institutions sociales, les vertus sociales, la science sociale, la philosophie sociale, le droit social ne sont pas une même chose avec l'ordre politique, la vie politique, les institutions politiques, les vertus politiques, la science politique, la philosophie politique, le droit politique.

Qu'est-ce qui est social? — Ce qui se rapporte à la société. Est social ce qui concerne les rapports des hommes entre eux.

Donc, parce que l'homme est sociable par nature, c'est-à-dire appelé à vivre par groupements, et parce que les divers groupements d'hommes, famille, profession, classe, cité ou province, sont appelés à se *compléter*, à *s'organiser* dans des formes de société plus complexes à mesure qu'elles deviennent plus larges, plus universelles, on appellera *sociales* les institutions, les vertus, la science, ayant pour but de développer, perfectionner, régler les rapports des individus entre eux dans un même groupement, ou d'un groupement à l'autre, et d'aider ces individus à bien tirer profit de tous les avantages que la société peut leur offrir, à bien remplir leur devoir envers elle.

Et parce que la religion est la règle et la sauvegarde des mœurs, ces institutions, ces vertus, cette vie, cette science et ce droit emprunteront une plus grande autorité à son influence, qui n'en laissera pas moins à chaque société l'initiative et la liberté dans sa sphère propre.

L'action sociale du catholicisme n'est autre chose que cette influence légitime, purement bienfaisante, moralement nécessaire, de la vraie religion, sur ce qui intéresse les rapports des hommes entre eux, en toute forme de société.

Qu'est-ce qui est politique? ce qui a rapport au gouvernement des affaires publiques, de l'Etat. Le droit politique, c'est le droit des citoyens dans le gouvernement de l'Etat. La politique, dans le langage courant, c'est la marche des affaires publiques et les événements qui s'y rapportent.

Les affaires publiques, ce sont les intérêts *communs* de tout le peuple réuni, *de la collectivité comme telle*, sans relation directe avec les intérêts et les rapports individuels.

La forme de régime (Monarchie ou République) selon laquelle ces affaires seront gouvernées — en quoi consiste la politique — est en soi indifférente à la religion et à l'Eglise, parce qu'elle n'intéresse pas directement la moralité individuelle et n'a pas pour but le perfectionnement humain.

C'est pourquoi toute forme de gouvernement est bonne, ou plutôt indifférente en soi, et l'Eglise s'accorde avec toutes, tant qu'elles s'exercent conformément aux lois éternelles de la morale et de la justice (1).

Eh bien ! je recueille les déclarations les plus applaudies de M. Marc Sangnier. C'est, par exem-

(1) « *La République est un gouvernement saint.* » C'est une réponse que M. Marc Sangnier a recueillie de la bouche de Pie X, d'après le récit qu'il fait dans *le Sillon* du 25 septembre 1904, et qu'il répète avec complaisance. — « N'est-ce pas, Très Saint Père, que nous avons le droit d'aimer ardemment la République? » et le Pape d'y répondre dans les termes cités.

Nous ne pourrions, sans injure ou sans malice, demander à M. Marc Sangnier quelle République il aime si ardemment. Mais le Pape a-t-il dit que la République fût un gouvernement *plus saint que les autres?* — et que ne lui a-t-on posé la vraie question : Très Saint Père, n'est-ce pas que nous avons le droit de vouloir faire servir la force sociale du catholicisme à la cause de la République? — Il est probable que Pie X eût répondu : Très cher fils, vous avez lu sans doute les déclarations de notre prédécesseur et les nôtres?

On doit donner acte à M. Marc Sangnier de ce qu'il proteste avec véhémence contre ceux qui lui attribuent une prétention ainsi formulée; et personne ne peut mettre en doute sa bonne foi. Mais on reste en droit de montrer qu'il se fait illusion et nie les conséquences logiques, nécessaires, des idées et des théories qu'il prône.

ple, son discours si vanté sur *l'avenir de la démocratie*, où il s'exprime ainsi :

« L'esprit démocratique est un esprit de responsabilité d'abord...

« Un esprit de responsabilité. Qu'est-ce qui distingue la démocratie du Césarisme? C'est que, dans la démocratie, chaque citoyen est responsable de la chose publique, que l'âme de la nation, ainsi multipliée, vit pourtant tout entière dans chacun d'eux. L'ouvrier, après avoir accompli chaque jour le travail qui lui permet de vivre et d'élever sa famille, doit donc se rendre compte que ce labeur ne suffit pas et que, s'il a pris soin de sa femme et de ses enfants, il faut encore qu'il prenne soin de la France, car le jour où il ne s'occupera plus d'elle, d'autres sauront s'en occuper pour l'avilir et la prostituer.

« Ah! certes, il semble facile d'être responsable de la chose publique ! cela paraît un droit et partout les citoyens réclament dans les assemblées politiques l'ingérence naturelle qui leur appartient dans les affaires de la nation... »

Et je demande: Est-ce là œuvre sociale ou œuvre politique ? Est-ce, oui ou non, œuvre de démocratie politique ?

Je me rappelle cette réflexion parfaitement juste, déjà citée : « Gardons-nous de la superstition des mots et des formules. *On n'est pas démocrate parce qu'on s'occupe d'œuvres sociales* : on est démocrate parce que l'on veut développer la conscience et la responsabilité civiques de chacun.

Et je demande: Cette vertu démocratique, est-ce une vertu sociale ou une vertu politique ?

Je relis la définition de la démocratie proposée par M. Marc Sangnier : « La démocratie est l'organisation sociale qui tend à porter au maximum la conscience et la responsabilité civiques de chacun. »

Et je demande : Cette tendance se rapporte-t-elle à l'ordre social ou à l'ordre politique ?

J'entends M. Marc Sangnier déclarer au Congrès d'Epinal :

« La démocratie n'existera vraiment que le jour où les citoyens joueront un rôle actif dans la direction du pays, où ils seront les gardiens de la chose publique. »

Et je demande : Est-ce là prêcher le devoir social ou le devoir politique, les vertus sociales ou les vertus politiques ?

Je demande ce qu'il y a de commun entre l'action catholique, et cette forme d'organisation faussement dénommée sociale, imaginée sous le nom de démocratie, en vue d'en déduire comme conséquence nécessaire la forme républicaine (1).

Je demande si c'est de terrain social ou de terrain politique qu'il faudrait parler, quand on déclare : « Est-ce à dire que nous ne pouvons travailler, *sur le terrain social, à l'avènement de la République démocratique* vers laquelle tendent tous nos efforts (2) ? »

Je demande s'il n'est pas intolérable d'entendre fonder l'amour de la République sur la foi divine ! « Nous aimons la République parce que nous avons confiance dans le peuple et *foi en Dieu* (3). »

Je demande s'il n'est pas intolérable d'entendre

(1) Voir plus haut : *le Sillon et la Démocratie*.
(2) Discours de M. Marc Sangnier au congrès d'Epinal. *Le Sillon*, 25 août 1904.
(3) *L'Esprit démocratique*, 1re partie, chap. 1.

parler de l'Évangile comme s'il avait été apporté sur la terre pour consacrer la république, et démonétiser la monarchie :

« C'est encore l'évangéliste et non le député possible qui est en Marc Sangnier ardemment et inflexiblement républicain. Ame sœur de l'âme populaire, âme affamée des âmes modernes, Marc Sangnier voit dans la République l'affirmation de liberté que le Christ a le premier apportée au monde, et qui est la reconnaissance formelle de la personnalité et de la dignité humaines... Le gouvernement monarchique, où un seul chargé des affaires de la collectivité lui paraît un encouragement à l'égoïsme et à l'inaction civiques : il exige moins d'apostolat, donc moins d'évangile.

« Toute réaction est antipathique à M. Marc Sangnier, parce que toute réaction lui paraît creuser entre la *mentalité contemporaine et le Christ* de nouveaux abîmes. Aussi l'*évangéliste* en est-il arrivé à combattre avec douceur, mais sans hésitation ni réticence, les conservateurs de toutes nuances (1). »

Je demande comment une telle attitude peut se concilier avec cette prescription de Léon XIII, dans l'encyclique sur la démocratie : « *Ceci étant posé, les intentions et les actions des catholiques qui travaillent au bien des prolétaires ne peuvent assurément jamais tendre à affectionner ou favoriser un régime civil de préférence à un autre.* »

M. Marc Sangnier et ses amis ont-ils renoncé à travailler comme catholiques au bien des prolétaires, ou se défendent-ils de tendre à affectionner et à

(1) *Les Nouvelles Semailles*, p. 9. — On pourrait multiplier les citations. « Pourquoi les amis du Sillon ne publieraient-ils pas partout qu'ils sont ardemment républicains et démocrates? » (*L'Univers*, 17 novembre 1904, article de M. Marc Sangnier sur la Peur de penser.)

favoriser un régime civil de préférence à un autre?

Sont-ils exceptés de ceux pour lesquels Léon XIII dit encore : *Ceux qui se dévouent à l'action populaire chrétienne... ne doivent pas se permettre de détourner à un sens politique le mot de démocratie chrétienne, s'attacher à un régime de préférence à un autre, et prétendre l'apporter avec eux par leur influence et leur action*, et Pie X : « *La démocratie chrétienne ne doit jamais s'immiscer dans la politique, elle ne doit servir ni à des partis ni à des desseins politiques?* »

Mais il est dit que chaque mot du langage ordinaire prendra sur les lèvres de M. Marc Sangnier une signification inaccoutumée et prêtera aux plus étranges paradoxes, à de perpétuelles équivoques.

Ne lui est-il pas habituel de protester qu'il entend ne pas faire de la politique?

« Si d'ailleurs la lutte politique semble mal engagée et peu rassurante, combien paraissent au contraire réconfortants les succès qui, partout, couronnent les efforts désintéressés, *à condition, bien entendu, qu'il ne s'y mêle aucune arrière-pensée politique* (1). »

« Le Sillon s'est-il jamais occupé de politique (2)? »

C'est là un thème fréquent de ses assertions — et cela lui donne le droit de faire la leçon à d'autres, avec quelle fermeté!

« Pourquoi ne pas l'avouer, bien des catholiques qui ont eu la sacrilège pensée d'asservir la religion à la défense de leurs intérêts égoïstes et parfois injustes, peu-

(1) *L'Esprit démocratique*, 1re partie, chap. VIII.
(2) *Le Sillon*, 2 août 1902.

vent être à bon droit accusés (comme responsables des haines contre l'Église) (1) ».

De prime abord, il semble bien que la position soit quelque peu contradictoire.

« A Toulouse, où *il présida d'abord une réunion des prêtres amis du Sillon* (2), Marc Sangnier fut amené à expliquer comment l'œuvre du Sillon, *bien que très nettement distincte de toute action politique, devait s'inspirer de l'esprit républicain* (3). »

C'est au fond bien simple. Exclure toute arrière-pensée politique, c'est prôner à outrance la République, en s'abstenant d'une opposition qui lui nuirait.

Ainsi, l'action catholique du Sillon a pour but direct et premier d'amener tous les citoyens à jouer un rôle actif dans la direction du pays : mais le Sillon ne fait pas de politique.

Les évangélistes du Sillon proclament aujourd'hui hautement qu'ils sont ardemment républicains et démocrates : mais ils ne font pas de politique.

Le chef du Sillon accuse en toute circonstance les conservateurs d'avoir compromis la cause de l'Eglise et proteste que rien ne l'obligera jamais à s'unir à eux; mais il ne fait pas de politique.

Mais, par contre, intervenir dans la lutte actuelle pour démolir la législation inique et sectaire dont le filet serré nous étouffe, Dieu nous en garde! ce serait faire de la politique.

Se lancer dans la lutte électorale, pour chasser

(1) *L'Esprit démocratique*, 1re partie, chap. 1er.
(2) Membres du Congrès de l'Alliance des Maisons d'éducation chrétienne.
(3) *Le Sillon*, 25 juin 1904.

du parlement les francs-maçons qui l'encombrent, y pensez-vous? ce serait faire de la politique.

Eh! mais il me semble que l'occasion serait pourtant belle ici, de développer la conscience et la responsabilité civiques de chacun. Il me semble que la démocratie serait là sur son vrai champ. Pourquoi donc s'abstient-elle?

Il ne sera pas sans intérêt de l'apprendre.

« Etre de l'opposition, — ce qui, pour certains, hélas! n'est qu'une façon détournée de faire carrière (!) — qu'est-ce autre chose qu'anathématiser toujours le ministère, quoi qu'il fasse de bon ou de mauvais?... Disons, d'ailleurs, à la décharge de ceux qui, avec un courage que nous ne saurions trop admirer, mènent la lutte contre le sectarisme puissant, que leur attitude même est la conséquence directe et nécessaire de celle qu'ont prise leurs adversaires.

« Cette politique est détestable. Il faut avouer qu'à l'heure présente il est impossible d'en faire d'autre. Quelques-uns de nos amis qui s'y sont essayés se sont bien vite aperçus du danger qu'ils couraient : ils avaient des idées..., ils réclamaient qu'on crût à leur sincérité.... *ils demandaient, par exemple, qu'on leur accordât cette épithète de républicains à laquelle ils avaient droit, et, comme on leur disait « vous n'aurez notre confiance que lorsque, au prix d'un sacrifice de vos idées aux nôtres, vous vous aurez fait pardonner en quelque sorte votre qualité de catholique* », l'amour-propre fut parfois vainqueur de la conviction et, la mort dans l'âme, ils se résignaient à défigurer leurs opinions, afin que — lamentable paradoxe — on consentît à reconnaître qu'elles étaient belles.

« Le Sillon s'est toujours maintenu à l'écart de ces navrants spectacles. Il a proclamé bien haut qu'il ne faisait pas de politique, parce qu'il n'avait pas le droit de s'exposer à ce que l'esprit qui fait sa force pût être enserré dans des équivoques, pût être souillé à leur contact impur (1)... »

Oh! nous le connaissons, cet esprit, nous sommes habitués à jouir de ses fruits et de ses triomphes. C'est le même qui, depuis quinze ans, a paralysé les résistances et désarmé tous les bras.

Tenez, vous l'avez dit : il fait qu'entre le *républicain* et le *catholique* l'un cédât le pas à l'autre; et comme avant tout il ne devait pas y avoir d'équivoque sur le loyalisme du républicain, le catholique n'a eu qu'à rentrer sous sa tente.

Est-ce donc là ce *christianisme intégral* qui va faire la gloire de la jeune génération et le salut de la société!

Sont-ce là ces catholiques résolus à vivre publiquement leur foi, et pour qui tout, en ce monde — sublime leçon pour les chrétiens en décrépitude qui les avaient précédés — tout, la position, la famille, la vie même, doit être subordonné, au besoin sacrifié à la Cause?

La Cause, nous y serions-nous trompés, ce ne serait donc pas la Cause de Dieu dominant toutes les contingences et servie purement pour elle-même? La Cause, ce serait donc, en définitive, la Cause de Dieu liée au triomphe d'un système politique jugé indispensable pour elle?

En vérité, ce n'était pas la peine de tonner si fort contre les autres, en leur reprochant amèrement d'avoir voulu l'asservir.

Ce reproche, fondé peut-être s'il s'adresse à tels gouvernants de l'ancien régime, devient parfaitement injuste, dénué de toute vérité, et n'est plus

(1) *Le Sillon*, 25 août 1904.

qu'un cliché ridicule, si on entend le faire peser sur les catholiques de notre époque; tandis que la démocratie, elle, est prise sur le fait.

Quelle singulière position, que celle du Sillon! Il verse tout entier dans la politique de *système*, incompatible avec une œuvre d'action sociale catholique, réprouvée par l'autorité pontificale chez les démocrates catholiques; et il s'abstient de la politique d'*action*, indépendante de tout système, qui serait le premier devoir, exercice naturel et immédiat des initiatives qu'il se pique de susciter.

Il était nécessaire de mettre en évidence les vues, les tendances, les espérances politiques du Sillon, de constater l'intime relation qu'il établit entre sa foi en Dieu et sa foi en la République, pour expliquer les deux attitudes toutes différentes, tout inverses, on va le voir, qu'il prend en place de la persécution déchaînée contre l'Eglise de Dieu en France, et à l'égard des catholiques dits conservateurs.

Devant la haine des sectaires, en présence des ruines qu'elle amoncelle, on garde sa paix, sa confiance, presque son sourire : *ces épreuves sont permises pour le triomphe de la démocratie* (1).

Mais quant à ses hommes d'opinions surannées, qu'importe qu'aucuns catholiques, peut-être, ne soient plus fidèles et plus dévoués à la cause de Dieu! Par cela seuls qu'ils se réservent à l'égard de la République et de la Démocratie, ce sont eux qui deviennent les vrais ennemis.

Et tout cela est logique.

(1) Voir plus loin, pages 136 et s.

Et tout cela est réel à faire pleurer.

Voici, par exemple, en quels termes on parlera de la persécution.

« En vérité rien ne semble se préciser davantage que l'œuvre qui s'impose aujourd'hui aux jeunes catholiques de France. Si, oubliant un instant ce qui n'est que *superficiel et accidentel* (!), faisant effort pour n'avoir pas toujours la vue offusquée par les pénibles et douloureuses nécessités d'une lutte politique pour le maintien des libertés essentielles, on regardait dans leur ensemble sans se laisser arrêter *par certains détails* (!!) qui, pour cruels qu'ils soient, ne doivent pas retenir toute l'attention de notre France contemporaine et la jeune génération catholique qui monte à la vie, on apercevrait sans doute plus facilement l'œuvre double qui s'impose à nous : préparation des milieux catholiques, en vue d'une action de rayonnement, puis absorption progressive des milieux non catholiques, gagnés petit à petit par la vision chaque jour plus nette de leurs inspirations les plus profondes se réalisant dans le catholicisme et par le catholicisme (1). »

« Les sectaires sont en train de débarrasser l'Église de ce qui avait pu autrefois la rendre impopulaire en France. Ils se figurent la tuer en la frappant. Ils réveillent seulement ses énergies assoupies. La chassant de toutes les places officielles, ils la contraignent à chercher son appui et sa force dans les milieux populaires. Ils en font une conquérante ; et s'ils lui enlèvent un pouvoir extérieur qui depuis longtemps n'était plus qu'un vestige et qu'une ombre, ils lui permettent ainsi peut-être de concentrer toutes ses forces sur l'œuvre essentielle et primordiale de la démocratie à réaliser et à discipliner dans la justice et dans l'amour du Christ (2). »

(1) *L'Esprit démocratique*, 1re partie, chapitre II.
(2) *L'Univers*, 18 février 1905. Article de M. Marc Sangnier.

M. Marc Sangnier avait déjà écrit dans *le Sillon* du 5 novembre 1902 :

« Les Jacobins semblent triompher aujourd'hui... ils se figurent dévorer une Église anémiée et à demi morte déjà ; ils ne font que déchirer un *manteau vieilli* qui, SANS EUX, *serait tombé en poussière,* laissant apparaître la robe nouvelle dont les siècles vont revêtir l'éternelle vérité...

« Si l'on appelle catholicisme l'état d'esprit démodé, la mentalité surannée et inféconde que nous ne connaissons que trop, hélas ! j'en conviens, le catholicisme agonise, les sectaires ont gagné la partie... Mais qu'ils ne soient pas trop fiers de leur inutile victoire !... une autre partie va se jouer aussitôt après... et je me figure, en vérité, qu'ils ne gagneront pas celle-là !

« C'est qu'en effet une race nouvelle s'est déjà levée... »

Et pour atteindre de si beaux résultats, qui hésiterait à sacrifier une génération ou deux ? « *On ne veut point faire le sacrifice d'une génération,* on ne se résigne pas de bon cœur à cette action défensive *qui devrait consister simplement à soutenir le choc de l'ennemi* pendant que la jeune génération s'armerait et se fortifierait pour la lutte, prête à livrer une nouvelle bataille et à vaincre...

« Et cependant n'est-ce pas là un indispensable labeur ? N'est-ce pas peut-être parce que trop de catholiques toujours ont voulu sauver uniquement leur génération sans se préoccuper assez de seconder les efforts hardis de ceux que l'avenir devait enfanter à la vie sociale, qu'ils sont depuis si longtemps régulièrement battus... (1) ? »

On retrouve ici les conceptions humanitaires du Sillon. Le présent importe peu. C'est l'avenir de la démocratie qui doit être le vrai terme de nos efforts ;

(1) *L'Univers*, 2 mars 1905. Article de M. G. Hoog.

que sont les intérêts des générations présentes, en comparaison du bonheur que *la société future* nous devra?

Tournons-nous maintenant de l'autre côté.

« *Ils ne sont pas contre vous, mais avec vous*, » a dit le Pape Pie X à M. Marc Sangnier, dans l'audience solennelle de son récent pèlerinage (11 sept. 1904), en parlant des autres jeunes gens catholiques de France. « Ils ne sont pas contre vous, mais avec vous. Quand vos forces se rencontreront sur le même terrain, soutenez-vous les uns les autres, et ne permettez jamais qu'une sainte rivalité dégénère en une opposition inspirée par les passions humaines ou par des vues personnelles et peu élevées. Il suffit que vous ayez tous une même foi, une même pensée, une même volonté, et la victoire vous sera donnée... »

D'aucuns ont vu là un avertissement paternel. M. Marc Sangnier, qui prétend n'avoir reçu que des encouragements, ne s'est donc pas senti retenu par ces paroles. Aussi, voici comment il les met en pratique aujourd'hui encore :

« Et maintenant, que certains, ne comprenant ni ce que nous voulons, ni qui nous sommes, nous accusent de faire œuvre de désunion! Hélas! il faut bien nous résoudre *à de telles et si lamentables inintelligences*, tout au moins, nous nous consolerons en songeant que *cette œuvre méchante et néfaste de désunion, ce sont bien vraiment ces esprits aigres et chagrins qui chaque jour l'accomplissent avec acharnement sans pitié pour l'Église et la France* (1)... »

C'est l'*Evangéliste*, nous a-t-on dit plus haut (et le

(1) *L'Univers*, 12 janvier 1905.

démocrate aussi, sans doute), qui est en lui l'*ennemi de tous les conservateurs.*

L'expression paraîtra quelque peu forte et excessive, cependant elle ne fait que traduire la réalité, puisque M. Marc Sangnier a écrit dans sa revue et récemment inséré dans *l'Esprit démocratique* un article qu'il intitule : *les Ennemis intérieurs du catholicisme*.

Il y déclare sans périphrase que les plus grands ennemis de l'Eglise ne sont pas les abominables sectaires dont la haine est si féconde en vexations sataniques, —la vertu de la démocratie les déjouera — mais les catholiques réputés les plus fidèles.

Pour faire justice de tels écarts, il suffira de ne pas les voiler :

« Plusieurs parmi ceux qui passent pour les défenseurs attitrés de l'Église... font le jeu des adversaires de notre religion : ils acceptent et réclameraient même au besoin le faux terrain sur lequel on les convie pour continuer à les tailler en pièces, en toute sécurité. Ils ne voient dans le catholicisme qu'une force de conservation sociale; ils entendent se servir de la vérité universelle pour protéger les intérêts particuliers; ils demandent seulement aux prêtres de faire respecter un ordre qu'ils se sentent depuis longtemps impuissants à assurer eux-mêmes; ils réclament que les disciples du pauvre Nazaréen aillent prêcher aux foules une résignation profitable aux puissants : ils paieront ces difficiles et délicats services de riches et abondantes aumônes; d'ailleurs, n'est-ce pas là un échange naturel de bons procédés; tous ceux qui sont dans les bonnes idées ne se doivent-ils pas assistance? Au reste, ces champions du catholicisme savent bien que la haine veille à leur porte et que la France d'aujourd'hui les supporte comme à regret et avec colère..., mais ce n'est évidemment pas de leur faute : pas un instant ils ne songent à accuser leur inintelligence des besoins présents, leur paresse et leur incurie sociale, leur morgue hautaine, leur dureté, leurs vices élégants, la stérilité de leur foi vaine, l'engourdissement de leur volonté qui est engourdie dans son néant, pas un instant, ils ne soupçonnent qu'ils n'ont jamais senti le Christ : non ! tout le mal vient des autres qui ont horreur des gens bien pensants.

« Tels sont les ennemis intérieurs du catholicisme. *On voit les dangers de l'union si l'on nous contraignait à l'étendre jusqu'à eux* (1).

« D'ailleurs, ce ne sont pas là des périls nouveaux dans l'histoire de l'Église de Dieu : à travers le cours des siècles, nous la voyons sans cesse comme écrasée contre les ennemis de l'extérieur qui veulent l'étouffer par la violence et les ennemis de l'intérieur qui s'essaient à la vicier et à la fausser à leur profit, réclamant de sa docilité des services honteux qu'elle ne saurait jamais leur rendre. Ces derniers ennemis sont les plus odieux et les plus redoutables... »

Dans l'almanach du Sillon pour l'année 1805, destiné à populariser les idées favorites de M. Marc Sangnier, on peut lire :

« Les pires ennemis du catholicisme ne sont peut-être pas les ennemis de l'extérieur qui l'attaquent ouvertement et prétendent l'écraser par la force, mais les ennemis *intérieurs* qui s'en proclament les champions et qui, par leur paresse et leur incurie sociale, leur orgueil, leur dureté, leurs vices élégants, le rendent odieux et méprisable (2). »

(1) « *Ce qu'on ne pourra faire non plus ce sera de nous obliger de nous rallier à ce parti conservateur qui essaie de faire que nous renoncions à nos espérances et à nos généreux projets.* » (Compte-rendu du congrès d'Épinal, p. 25.)

(2) Page 37.

Et plus loin, avec ce titre : Les excuses de l'anticléricalisme :

« Il faut avoir le courage de se poser cette question : ne sommes-nous pas responsables des haines soulevées contre le catholicisme ? Car enfin nos adversaires ne nous jugent pas d'après les enseignements du Christ, qu'ils ignorent, mais d'après nos actes et les exemples que nous leur donnons.

« Or, pour trop de catholiques la religion est-elle autre chose qu'une routine, un ensemble de formules qu'ils répètent et de pratiques qu'ils accomplissent, sans que jamais rien de l'esprit du Christ ait passé dans leur vie ? D'autres ne la considèrent-ils pas simplement comme une « élégance française » ? D'autres enfin ne trouvent-ils pas « qu'il faut de la religion pour le peuple », parce qu'ils espèrent trouver dans le catholicisme une sorte de gendarmerie morale qui protégera leurs coffres-forts contre les convoitises de ceux qui ne possèdent rien (1). »

Mais revenons à l'article cité plus haut :

Heureusement une race nouvelle s'est déjà levée, la race des jeunes démocrates...

« Que pourront faire contre cette invincible poussée de vie les majorités éphémères, les lois sectaires, les persécutions mesquines ou violentes ?... Encore une fois le vrai danger n'est pas de ce côté, et quelque étrange que cela puisse paraître à plusieurs, l'ennemi redoutable n'est pas au dehors, il est en dedans... Et même, certains sans doute, dont les vertus privées et l'inconscience suffiront à assurer le salut individuel, n'en demeurent pas moins en face du péril présent des ennemis involontaires du catholicisme en France... ; et c'est peut-être la pire des calamités que d'être combattu par d'honnêtes gens. »

(1) Page 71.

Il est difficile, en vérité, de qualifier un tel langage; aussi bien, la seule chose qu'on en puisse dire, c'est peut-être, précisément, qu'il est inqualifiable.

Il l'est en lui-même. Mais, en outre, porté devant les ouvriers, devant les classes populaires, n'y sèmera-t-il pas la division, la haine des classes, ne fera-t-il pas œuvre révolutionnaire ?

M. Marc Sangnier est-il conscient de ces résultats ? On est content d'en douter, quand on l'entend s'écrier ensuite, revenant sur la lettre du cardinal Merry del Val, qui, cette fois, lui a peut-être paru donner un sens aux paroles de Pie X :

« Comment saurait-on sérieusement douter « qu'en fait d'attitude, si nous devions intervenir dans les affaires publiques, nous nous proposerions de joindre nos forces à celles des autres catholiques auxquels l'autorité ecclésiastique se montrerait favorable, afin qu'en aucune manière nous ne puissions réduire par notre faute les avantages de l'unité d'action (1) ? »

(1) *L'Univers*, 23 mars 1905. — Monseigneur Turinaz, dans sa lettre sur *les Idées du Sillon*, commente très justement cette déclaration :

« Mais, dira-t-on, M. Sangnier a déclaré que ses adhérents, s'ils devaient intervenir dans les affaires politiques, s'uniraient aux catholiques auxquels l'autorité ecclésiastique se montrerait « favorable ». La réponse est facile : D'abord une pareille conduite serait en contradiction absolue avec les affirmations, les déclarations constantes et le système du *Sillon*. Si toutes ces déclarations, toutes ces règles ne peuvent être appliquées dans les circonstances les plus importantes, dans des luttes électorales si décisives, à quoi serventelles et que valent-elles ? Et, dès lors, pourquoi les semer partout comme des brandons de divisions et de discordes ?

Mais en supposant que M. Marc Sangnier puisse se faire entendre des membres du *Sillon*, pourrait-il se faire entendre des gens du peuple, des ouvriers des villes et des campagnes qui ont été ses auditeurs ? Et s'il est entendu, serait-il obéi ? Tous sont-ils décidés à accepter de gaieté de cœur de pareilles contradictions ? Les démocrates chrétiens ont déjà mis en pratique, dans plusieurs élections, les déclarations de cette lutte contre les conservateurs. Et il est fort

Tout ingrates, tout injustes, tout odieuses que soient de telles imputations à l'égard d'hommes avec qui M. Marc Sangnier refuse de s'unir, sans paraître même se souvenir que plusieurs parmi ceux qu'il appelle par ironie les défenseurs attitrés de l'Eglise ont consumé leurs forces, prodigué leurs ressources, bravé les haines et risqué plus d'une fois leur liberté pour la cause religieuse, avec autant de dévouement sinon avec plus d'éclat que lui, toutes vilaines, dis-je, que soient de telles paroles, on aurait pu essayer d'en détourner son attention, si les écrits et les discours de M. Marc Sangnier n'étaient remplis de pareilles attaques, rendues calomnieuses par la généralisation qui les étend à toute une classe, et faites pour répandre la défiance, la division et les rancunes. Singulier rôle pour cet apôtre de la charité universelle !

Voici encore comment il parle dans son livre récent :

« Au reste, que partout nos Sillons demeurent de bonnes et simples maisons hospitalières à ceux que ne saurait contenter la vie factice et fausse, embrouillée de parti pris et de conventions, d'intrigues et d'égoïsme coalisés ! Qu'ils soient incapables de jamais satisfaire ceux que tourmente l'ambition, qu'aveuglent les préjugés, n'ouvrant jamais leur porte à ce méchant langage ! Qu'ils restent les douces et imprenables citadelles de la loyauté, de l'amour plus fort que la haine ! Qu'ils ne se laissent jamais toucher par ces mains imprudentes et

à craindre qu'ils aillent jusqu'à lutter contre des catholiques très dévoués, en faveur de candidats auxquels des chrétiens, des libéraux et d'honnêtes gens ne peuvent absolument donner leurs suffrages. »

étrangères qui étouffent l'avenir sous leurs funestes étreintes (1) !... »

Et encore : « *Les socialistes et les réactionnaires travaillent en vérité à une même œuvre.* Ils entendent que les hommes doivent d'abord défendre leurs intérêts de classe et qu'il y aurait crime ou folie à ne pas tout sacrifier à ceux-ci... »

« *Or, ces classes que le socialiste et le réactionnaire tendent à exaspérer l'une contre l'autre, qu'est-ce donc surtout qui les constitue ennemies* (2) ?... »

Et ce n'est pas dans son cénacle seulement que M. Marc Sangnier se répand en de telles invectives. Il n'aura pas plus de retenue devant les pires adversaires de notre foi commune. Je n'en citerai ici que deux traits tout récents.

On lit dans le compte-rendu de la conférence contradictoire avec Jules Guesde, tenue à Roubaix le 10 mars 1905, ces paroles prononcées par l'orateur catholique :

« *Le catholicisme a d'ailleurs trouvé deux ennemis : celui du dedans, qui se sert de la religion pour des intérêts privés, qui fait du sacerdoce un gendarme moral au service d'une puissance temporelle. Cet ennemi-là, M. Marc Sangnier le redoute par-dessus tout et le qualifie de Judas,* est incompatible avec tout progrès et avec tout effort d'émancipation (3)... »

Voici maintenant un compte-rendu familier, émanant d'un journaliste impartial et absolument digne de foi, qui écrit sur ce qui s'est passé à Bordeaux :

« Le dimanche 9 avril 1905, M. Marc Sangnier a fait au cirque de la Grave une conférence publique et contradic-

(1) *L'Esprit démocratique*, p. 103.
(2) Ce passage, tiré du même article, est reproduit dans l'almanach 1905.
(3) *Le Journal de Roubaix*, 10 mars 1905.

toire devant un auditoire catholique en grande majorité. Beaucoup de dames et de jeunes filles, de prêtres et surtout de jeunes gens des divers patronages de Bordeaux.

« M. Marc Sangnier a parlé de la « lutte pour la démocratie ». Il a, non sans éloquence, développé le programme démocratique du Sillon.

« L'avenir est à la démocratie, a-t-il dit en substance ; nous devons travailler pour elle. Tous nos efforts doivent tendre à obtenir plus de justice et l'amélioration du sort des ouvriers dans une république vraiment démocratique et chrétienne.

« La tâche n'est pas facile ; mais les jeunes gens catholiques pratiquants n'auront que plus de mérite. Nous aurons contre nous des adversaires à droite et à gauche : peu importe !

« L'orateur annonce qu'il va dire leur fait à ces adversaires de droite et de gauche. Ce sont surtout les « réactionnaires » qui écopent, ceux qui, ne faisant rien, veulent empêcher de faire quelque chose, ceux qui se servent de la religion dans un but politique, ceux qui se disent catholiques et ne pratiquent pas, etc.

« Ceux-là ne veulent pas entendre parler de la démocratie, mais la démocratie se fera sans eux-mêmes contre eux !

« *M. Marc Sangnier insiste tellement qu'on lui demande de parler enfin des adversaires de gauche.*

« Il attaque ces derniers, mais avec ménagement ; il trouve encore le moyen de parler des néo-monarchistes qui, dit-il, « sont doublement nos ennemis : d'abord comme libres-penseurs, puis comme royalistes ».

« M. Marc Sangnier n'ignore pas que ses déclarations républicaines démocratiques et chrétiennes lui vaudront des défections à droite et à gauche : peu lui importe. Il dit ce qu'il a à dire, confiant dans son idéal. »

Est-ce la foi catholique ou la passion démocratique, la passion politique qui pousse à de tels excès et qui porte M. Marc Sangnier à exagérer, au point de les renverser presque, on pourrait dire, à exploiter certaines vérités de la foi ?

« Et même cette libre et fraternelle société des âmes n'est pas limitée par les bornes trop étroites d'une société visible ; tandis qu'il y a des baptisés et des pratiquants qui ne font pas partie de son âme, cellules mortes que la sève divine ne féconde plus, il y a parmi ceux qui semblent l'ignorer ou peut-être même la combattre des cellules vivantes *qu'embrase la charité du Christ,* voilé mais présent, que revendique l'âme de l'Église universelle (1)... et ceci est la doctrine séculaire et officielle du catholicisme.

« Il faut que cette doctrine finisse enfin par quitter les cercles fermés où l'on parle de théologie pour se répandre forte et consolante à travers les masses qui l'ignorent... Il faut que l'on juge notre Christ d'après ce qu'il est, et non pas d'après les méchants exemplaires que trop de catholiques en ont fourni (2).

« Vous trouverez ainsi facilement le chemin des âmes ; non pas seulement de celles des catholiques qui semblent plus près de vous en raison d'une même éducation religieuse, et *qui souvent, du fait d'une religion mal comprise, sont plus inaccessibles encore*, mais des âmes mêmes de tous les gens qui, au milieu de leurs erreurs et sous les mots de solidarité et de progrès de l'espèce, de mieux-être social, cherchent à préciser et à réaliser ces mêmes aspirations vers le bonheur, vers la perfection, vers l'infini qui sont propres à tout être humain, qui sont la marque du divin dans les consciences (3). »

Ah ! parlez-nous, en effet, des socialistes, des libertaires, des libres-penseurs. Voilà des hommes,

(1) Ah ! si les néo-monarchistes n'étaient que libres-penseurs !...
(2) *L'Esprit démocratique.*
(3) *Le Sillon*, 25 juin 1904.

ceux-là, dont on est séparé par de simples malentendus; on leur serre la main en public, on les appelle *camarades*, on fraternise avec eux.

« Victor Hugo, Combeferre, Courfeyrac, tout libres penseurs qu'ils s'intitulent, sont véritablement *des chrétiens...* Tous ceux, quels qu'ils soient, qui admettent cet idéal de beauté, de justice et de bonté, *même s'ils furent injustes et haineux pour le catholicisme, tous ceux-là sont avec nous* (1). »

Ajoutons-y, après tant d'autres, ce vertueux Zola qui ne demande qu'à conduire la jeune démocratie au Christ :

« Les hommes pèchent et point les choses..., un livre posé sur une table n'est point en soi un objet immoral (!!). *Nous voulons croire, pour l'humanité et pour Zola, qu'entre eux... il ne s'est point échangé un tel fardeau de scandales.*

«... De cette mainmise sur nous de notre animal et de l'énergie inconsciente des choses, Zola a été le puissant et incomparable poète... Ceux qui veulent dédier un marbre à Zola doivent savoir que sa place est prête au carrefour d'où la route conduit à l'idéale vérité (2). »

Enfin, la lecture de l'écrivain révolutionnaire Gorki suggère à M. Marc Sangnier les réflexions suivantes :

(1) *Le Sillon*, 25 octobre 1901.

(2) *Le Sillon*, 10 octobre 1902. Et précédemment (10 décembre 1879) : « Nous ne faisons aucune difficulté pour reconnaître la rare valeur littéraire de *Fécondité*, la puissance dramatique, la vigueur des peintures, le lyrisme passionné qui soulève toutes les pages. Il nous est agréable de constater que, dans un sujet assez scabreux (puisque le fond en est la reproduction), M. Zola a su presque toujours conserver la tenue qui convenait à une œuvre de haute prétention philosophique et cela suffira pour étonner les personnes qui se croient obligées d'accoler invariablement l'épithète d'immonde au nom de M. Zola... »

Il est impossible de voir dans nos libres-penseurs français « les frères véritables de *ces anarchistes à l'âme mystique et profonde, aux rêves troublants et doux* que la sainte Russie enferme *pieusement* dans son vaste sein comme des germes inquiétants de révolte et *d'étrange rédemption*.

D'ailleurs, Gorki comme Tolstoï, comme tous ceux de là-bas, ont des âmes religieuses... Découvrons-leur le vrai christianisme... Aussitôt ils s'y jetteront éperdûment comme au terme douloureux de leurs inquiètes recherches... »

Mais « l'heure n'est peut-être pas tout à fait venue d'appeler dans notre patrie les Gorki et les Gaponi pour que leurs yeux puissent se dessiller enfin et pour qu'ils découvrent dans sa pleine et forte beauté cet éternel christianisme, la plus humaine et la plus divine des religions à la fois : *Il y a encore trop de réactionnaires en France* ».

En vérité, c'est dommage! et ce trait final est délicieux deux fois, par la surprise qu'il ménage et par l'audace de la pensée. Ah! s'il n'y avait pas tant de réactionnaires en France, rien ne s'opposerait plus, n'est-ce pas? à ce que Gorki et Gaponi vinssent y découvrir le christianisme dans sa pleine et forte beauté?

Le mot m'échappe, mais ce sont là des paroles d'illuminé.

Ainsi s'explique encore l'opposition *radicale* de M. Marc Sangnier à ce qu'il appelle l'idée d'*un parti catholique*.

Il a beau jeu à dénoncer une équivoque que personne ne voudrait soutenir en s'attachant à la signification propre du mot *parti*. Tout le monde sent à merveille que ces deux mots : *parti catholi-*

que, s'accordent mal. Pourquoi cela? c'est que le mot *parti* implique les divisions politiques, et que le catholicisme n'est d'aucun parti. Mais Pie X a demandé qu'on fît *le parti de Dieu*. Non, il ne doit pas être question d'un *parti* catholique, pour cette raison très simple qu'il peut y avoir des catholiques de tous les partis.

Mais est-ce bien celle qui meut M. Marc Sangnier? Est-ce l'atteinte portée à cette liberté d'opinions qui lui fait pousser de vrais cris d'alarme et lui inspire coup sur coup des articles si émus? Ce n'est pas l'intérêt catholique, mais l'intérêt démocratique, qui est en jeu pour lui :

« Les catholiques de France *courent un terrible danger* que la plupart méconnaissent encore, que certains acceptent avec joie... encore une fois les catholiques français, perdant tout le prix des efforts qu'ils ont faits, des larmes qu'ils ont versées, des sacrifices qu'ils se sont imposés, risquent de courir à l'*abîme... Au nom des intérêts sacrés de la religion catholique en France*, pas de parti catholique (1). »

Quels sont donc les intérêts sacrés de la religion catholique en France? Ce sont ces intérêts de la liberté religieuse, pour lesquels les Papes ont conjuré les catholiques d'unir leurs efforts, en renonçant aux divisions politiques.

Ce sont les intérêts *communs aux catholiques*.

Sur le terrain de ces intérêts, de cette liberté à reconquérir, ils doivent tous s'entendre, s'unir ; ils ne doivent *pas constituer un parti*, mais il est de toute nécessité qu'ils *forment un bloc* (2).

(1) *Le Sillon* (25 février 1905), *l'Univers*.

(2) Ces lignes étaient déjà écrites depuis plusieurs jours, quand nous avons eu la satisfaction de lire dans *l'Univers*, sous la plume

La voix des Souverains Pontifes, leurs directions, leurs appels n'ont d'autre but que de prêcher cette nécessité et de la faire accepter.

Se constituer en parti catholique, ce serait intervenir au nom du catholicisme dans les affaires du pays. Former un bloc, c'est unir son action pour la défense d'intérêts communs, quelles que soient d'ailleurs les divergences sur les choses qui ne s'y rapportent pas. Dans le cas présent, ce serait s'unir pour la défense de la patrie, de la morale, de la liberté religieuse. Et qui donc entrera dans cette union, sinon tous les catholiques d'abord(1)?

Quiconque, mais quiconque indistinctement, voudra lier le triomphe des intérêts catholiques à celui de son parti aura trahi la défense des intérêts religieux et la cause du catholicisme en France.

Si les monarchistes, dans les circonstances où l'intérêt religieux le demande, refusent de s'allier aux républicains catholiques pour briser à tout prix le

de M. Eugène Veuillot, le 16 mai 1905 : « Ne relevons pas le *parti* catholique, mais formons *un bloc* où tous nos groupes, toutes nos écoles rentreront... S'il convient d'écarter les mots qui pourraient effrayer ou gêner des alliés nécessaires, il ne faut pas aller cependant jusqu'à voiler notre drapeau, jusqu'à craindre de nous déclarer catholiques avant tout. »

(1) M. Marc Sangnier, dans ce même article, conjure les catholiques « de ne pas se laisser réduire à l'œuvre de défense à laquelle on entendrait restreindre leur activité de vaincus » ; il pleure sur la ruine de ses espérances, « si soucieux seulement de leurs propres intérêts confessionnels... ». C'est toujours le même vice de raisonnement. Faire cela et ne faire que cela ne sont pas une seule et même chose. Faire cela et le faire en première ligne n'empêcherait aucunement de faire autre chose encore; mais, au fond, se révèle partout la même erreur : c'est de la démocratie seule, c'est d'une nouvelle orientation de l'esprit politique que M. Marc Sangnier attend le salut. Le grand défenseur du catholicisme intégral adjure les catholiques de renoncer à la revendication directe de leur liberté religieuse. Comme la démocratie postule le catholicisme, ils ne pourront manquer de triompher par elle et avec elle. Par malheur, le postulatum, car c'en est un pur, est indémontrable parce qu'il est faux, comme nous l'avons prouvé. On voit ce qui nous resterait.

joug des sectaires, sous le prétexte que, selon eux, le salut ne peut venir que du roi ou de l'empereur, et par la crainte de voir la crise se résoudre sans amener la chute de la république, ils seront convaincus de subordonner l'intérêt religieux à l'intérêt monarchique.

Si les républicains, ou les démocrates catholiques, dans les circonstances où l'intérêt religieux le demande, refusent de marcher la main dans la main avec les monarchistes et les tiennent à l'écart, de peur que les exigences d'une lutte sans compromission ne viennent à ébranler la forme actuelle du gouvernement, et parce que l'alliance du christianisme et de la démocratie est pour eux la condition nécessaire du salut, ils seront convaincus à leur tour de placer l'intérêt démocratique avant l'intérêt catholique.

Dans les conjonctures extrêmes où nous nous débattons, les uns et les autres demeureront impuissants, les uns comme les autres seront convaincus de volonté *inefficace*, s'ils ne se montrent pas franchement résolus à deux choses, dont la seconde n'est pas moins importante que la première et sera la pierre de touche de leur sincérité : 1° s'unir à tous ceux, *quels qu'ils soient*, qui s'engageront à soutenir un programme déterminé de revendications religieuses et sociales ; 2° et, surtout, *combattre énergiquement tous ceux, quels qu'ils soient*, qui refuseront de s'engager à le défendre.

C'est de la dernière évidence.

Or, est-ce ce principe lumineux qui sert de règle à ces diverses Associations auxquelles tant de braves gens apportent leur adhésion et leur concours? Est-ce faute de l'adopter sincèrement qu'on s'y agite plus qu'on y agit? Je laisse à d'autres le soin d'en juger.

Quant au Sillon, s'il est une chose qui ressorte indiscutablement des faits exposés, comme de ses actes et de sa ligne générale de conduite, c'est que pour lui, le salut du catholicisme en France est lié au triomphe de la démocratie; c'est que les catholiques conservateurs ou monarchistes sont plus ennemis de la cause que les libres-penseurs et les socialistes, c'est que l'alliance avec tous les catholiques sans distinction serait « la concentration à l'arrière-garde », un retard dans le progrès de la démocratie; et que le plus grand danger se trouverait non pas dans le parti catholique que personne ne préconise comme tel, mais dans l'union effective entre tous les catholiques.

Avec cela il ne lui en coûtera pas de s'élever aux plus belles considérations sur l'unité catholique (1). L'unité c'est encore plus beau que l'union. Avec quelle éloquence on nous la prêchait tout à l'heure!

D'ailleurs c'est en soi si simple! *Ama et fac quod vis,* soyez unis dans l'amour, moyennant quoi vous pouvez diverger dans l'action tant que vous voudrez.

De tout cela ressort cette conclusion logique : le Sillon se comprend d'autant mieux qu'on entend plus littéralement sa définition : un mouvement social (*et politique*) ayant pour but de mettre les forces sociales du catholicisme AU SERVICE DE LA DÉMOCRATIE.

Et ce n'est pas seulement sa divine influence, sa force sociale, suivant la formule consacrée, qui est

(1) *L'Univers*, 23 mars 1905. Art. de M. Marc Sangnier.

ainsi mise à contribution, c'est sa doctrine sacrée. C'est l'Evangile. Nous avons entendu expliquer que la République a, pour le nouvel apôtre, cette supériorité sur la monarchie d'être plus conforme à l'Evangile. Bonne leçon pour l'Eglise qui devra être la première à en faire son profit, son gouvernement ayant passé jusqu'ici pour être essentiellement monarchique.

C'est Dieu lui-même, c'est son inaccessible et inexprimable nature qui nous est présentée comme l'idéal républicain et le prototype de l'union entre *le catholicisme et la démocratie.*

La page écrite sur ce sujet dans *le Sillon* du 10 août 1903 serait presque blasphématoire, si le ridicule ne la sauvait d'une profanation :

« Si l'homme est incapable de démocratiser la divinité, Dieu le peut. Et le christianisme n'est précisément autre chose que la démocratie de la vie divine, de la « vie éternelle », comme dit l'Évangile. Par lui, *la souveraineté de Dieu est véritablement mise en participation.* « Dieu, qui aurait pu nous traiter en monarque, a préféré *nous proposer l'idéal républicain jusque dans nos rapports avec lui;* il nous a en effet envoyé son fils, pour nous convier à nous joindre intimement à ce Fils, à lui devenir semblable. Dieu, par ce moyen, nous convie à nous solidariser avec sa seconde personne et à devenir ainsi un membre adjoint de sa Trinité.

« Par leur assimilation à la seconde personne de la Trinité, les hommes pénètrent dans la société des trois personnes divines et participent à leur majestueuse *égalité.* Le Christ qui aurait pu faire de nous ses sujets a préféré amoureusement faire de nous ses cohéritiers et ses frères, ses concitoyens dans la cité de Dieu (!!!). »

L'Église accepte-t-elle cette identification de la

doctrine évangélique et de ses mystères les plus sacrés avec la théorie démocratique? Il est superflu de l'en défendre.

Mais notons, dans leur actualité, certains traits de sa protestation, qui, pour être mesurés, par ménagement, n'en sont pas moins significatifs.

Témoin le fait qui s'est produit à la suite du dernier pèlerinage du Sillon à Rome.

L'Osservatore romano a publié, le 2 décembre dernier, à propos d'un incident concernant le pèlerinage du Sillon à Rome, une petite note brève et ferme, insérée en première page, qui en dit long sur les dispositions du Souverain Pontife Pie X à l'égard du parti démocrate catholique en France.

Elle confirme avec évidence que le Pape n'entend pas permettre à ce parti de se couvrir de son approbation. Voici cette note:

« Nous avons lu avec étonnement dans la *Semaine Religieuse de Cambrai* et dans *la Vérité Française* que M. Marc Sangnier aurait, dans son adresse présentée au Saint-Père, sollicité de Sa Sainteté une préférence exclusive pour les méthodes propres au Sillon.

« Or le texte porte la déclaration suivante, explicitement opposée : « Nous n'avons nullement la prétention injustifiée de solliciter la préférence exclusive pour les méthodes propres au Sillon, ni une confirmation formelle de notre confiance en l'avenir de la démocratie en France (1). »

On s'était efforcé de mener grand bruit autour du succès triomphal que le Sillon aurait obtenu à Rome. Mais si l'on met en regard l'adresse présentée au Pape par M. Marc Sangnier et la réponse de Pie X

(1) Certains démocrates ont voulu croire que la rectification de *l'Osservatore romano* visait la *Semaine religieuse de Cambrai* et *la*

— vrai moyen d'en bien juger — ce succès se trouve réduit à des proportions extrêmement modestes.

De part et d'autre, dans ces deux documents, les termes avaient été visiblement calculés.

L'adresse était comme un manifeste de la jeune démocratie. M. Marc Sangnier voulait le bénéfice de l'avoir porté hautement devant le Pape, et, pour le faire passer, déclarait s'abstenir de solliciter une approbation formelle qu'il savait ne pas devoir lui être accordée.

Le Pape se renferma dans le silence le plus absolu.

Evitant avec un soin marqué d'aborder ce sujet, il se borna à louer, comme elles en sont vraiment dignes, avec une bonté de père, les ardeurs courageuses des jeunes gens du Sillon.

Léon XIII en avait usé de la sorte avec M. Harmel, en 1897; et comme, au pèlerinage de l'année suivante, celui-ci insistait de nouveau sur la démocratie chrétienne, le Pape, sans rien répondre dont auraient pu s'autoriser les démocrates chrétiens, éleva la voix pour tracer la direction à laquelle le mouvement démocratique devait se conformer, sous peine d'aboutir à des catastrophes.

Cette année encore, M. Harmel, précédant le Sillon à Rome, parla « *démocratie chrétienne* » dans son adresse; Pie X répondit « *action populaire chrétienne* ».

Avec le Sillon, le Souverain Pontife ajouta que, quant à ses méthodes, elles n'étaient pas les seules

Vérité, non M. Marc Sangnier. C'est d'autant plus invraisemblable que la rectification est d'accord avec leur texte. Ils disaient que, *tout en se défendant de demander une approbation formelle*, M. Marc Sangnier avait usé là d'un artifice de langage.

bonnes; qu'il y en avait d'autres auxquelles il fallait leur place, et, là-dessus, donna à ces jeunes gens des conseils d'union, de concorde, de désintéressement, où il était difficile de ne pas voir une leçon.

M. Marc Sangnier omit ce passage dans le compte rendu qu'il adressa aux journaux et aux semaines religieuses, avec prière de le reproduire.

La *Semaine Religieuse de Cambrai* releva l'omission et fit cette remarque : « Les quelques lignes de l'adresse que reproduit ce compte rendu sont celles où M. Marc Sangnier parle de la démocratie qu'il veut fonder, et celles où, par un artifice de langage, il demande au Pape, tout en déclarant qu'il ne veut pas la demander, une confirmation formelle de sa confiance dans l'avenir de la démocratie en France.

Ce fut l'occasion de la rectification publiée par *l'Osservatore romano*.

Le piquant de l'affaire est que la *Semaine religieuse de Cambrai* avait touché juste. M. Marc Sangnier s'était chargé lui-même de justifier son appréciation.

Aurait-on pu croire, en effet, qu'après s'être défendu dans son adresse « de solliciter une confirmation formelle de sa confiance dans l'avenir de la démocratie en France » il se vanterait aussitôt, très hautement, de l'avoir obtenue?

Voici ses paroles, extraites d'un article dithyrambique écrit par lui, au lendemain du pèlerinage, dans *la Croix* du 15 septembre 1904 :

« Au reste, Dieu a multiplié aujourd'hui à notre égard les encouragements et nous a permis de trouver, à Rome même, centre providentiel de l'unité catholique, *la con-*

firmation la plus explicite et la plus formelle de la légitimité des espérances qui nous guident et des méthodes qui disciplinent nos efforts. »

A qui ferait-on croire qu'il ne s'agit ici que des espérances religieuses et non des espérances démocratiques? Ce serait le comble du non-sens.

Le même artifice de langage se retrouve dans le compte rendu de M. Georges Hoog :

« C'est en vain, désormais, que certains s'efforceront, de façon maladroite et misérable, à nous objecter que le Saint Père ne nous a point dit que seules nos méthodes étaient opportunes et que la démocratie républicaine serait la France de l'avenir. Le Pape ne pouvait nous tenir ce langage et nous n'avions point la prétention déplacée de le lui demander.

« *Il nous a affirmé — et cela seul importe — que les moyens d'action que nous voulions mettre en œuvre étaient dignes de la fin poursuivie* (1). »

Le Pape n'a rien affirmé de semblable, et la note de *l'Osservatore romano* tombait à pic pour le prouver. Sur les moyens d'action du Sillon, le Pape s'est réservé absolument.

La maladresse — gardons-nous de la qualifier avec plus de vivacité — a été de présenter ce silence significatif pour une approbation explicite et formelle (2).

(1) Le Sillon à Rome. (*Le Sillon*, 25 septembre 1904.)

(2) L'équivoque est aussi apparente dans ces autres paroles de M. Marc Sangnier : « Pie X, après avoir écouté avec les signes de la plus grande bienveillance l'adresse de Marc Sangnier, répondit par un très important discours *dans lequel il approuvait nettement l'attitude du Sillon.* (*Le Sillon. Esprit et méthodes* p. 72.) Quelle attitude? Ce n'est pas son attitude démocratique. Le Pape l'a plutôt condamnée par son silence.

LE SILLON

ET L'APOLOGIE DU CATHOLICISME

—

Le Sillon ne se montre point ingrat envers le catholicisme, dont il attend un concours si efficace en faveur de la démocratie.

On aurait mauvaise grâce à lui ménager les éloges que mérite son zèle religieux.

Et c'est avec un très sincère, très sensible regret qu'on se voit dans la nécessité de le soumettre aussi à la critique.

Malheureusement, il est impossible de faire le silence sur les déficits qui l'empêchent de rendre à la vraie cause les services espérés, qui même lui nuisent, en dépit de l'effort déployé pour elle.

Sur ce point-là surtout, il nous en coûte de dire que ni le beau talent de M. Marc Sangnier, ni l'enthousiasme si communicatif de ses convictions, ni son intrépidité et sa ténacité à nulle autre égales ne compensent les inconvénients et les dangers de sa tactique, dans son œuvre d'apologie chrétienne, parmi les milieux populaires.

Ils se résument, pour nous, à ces deux chefs :

1° Son libéralisme religieux;

2° La témérité de ses méthodes.

1° SON LIBÉRALISME RELIGIEUX

La condition préalable pour bien servir l'Église est évidemment de la défendre comme elle veut être défendue, et de ne pas la placer sur un terrain qu'elle déclare n'être pas le sien.

Telle est pourtant la position fausse et, par là même, dangereuse, où le Sillon la met par son libéralisme religieux.

Le libéralisme religieux consiste dans l'effort pour rapprocher l'Eglise et le Monde, l'Evangile et les Droits de l'homme, pour réconcilier, comme le dit Pie IX dans la dernière proposition du *Syllabus*, l'Eglise et la « civilisation » telle que les partisans du naturalisme, de la libre-pensée et de la Révolution la comprennent.

Au jugement de ce grand Pape, les demi-vérités du catholicisme libéral sont souvent plus pernicieuses que des erreurs manifestes.

Les condamnations solennelles dont Pie IX le frappa ont été renouvelées non moins expressément par son illustre successeur Léon XIII.

Dans une lettre adressée, le 28 avril 1879, aux traducteurs des œuvres de saint Alphonse, Léon XIII loue le saint Docteur d'avoir réfuté à l'avance la plupart des propositions qui devaient être condamnées par le *Syllabus*.

Une autre lettre à l'évêque de Périgueux, datée du 27 juin 1884, porte : *Le* Syllabus *est la règle où les fidèles doivent prendre les principes de direction de leur pensée et de leurs œuvres dans les difficultés présentes.*

Les Encycliques *Immortale Dei* et *Inscrutabili*

en rappellent l'autorité et réitèrent toutes les condamnations portées par Pie IX (1).

Il est aisé de montrer que les conciliations cherchées par le Sillon sont de celles que l'Eglise rejette.

Si vous demandez à l'auteur des *Nouvelles Semailles* pourquoi « l'Evangéliste en est arrivé à combattre avec douceur (plût à Dieu !), mais sans hésitation ni réticence, les conservateurs de toutes nuances », il ne fera pas difficulté de vous dire :

« Marc Sangnier voit en tous ces tenants du passé *des obstacles à la réconciliation du siècle et de l'Église* et s'il est toujours très bienveillant..., il n'en dénonce pas moins avec énergie l'attitude de certains hommes publics qui compromettent le catholicisme avec leurs préjugés vieillots et qui deviennent inconsciemment pour lui *des ennemis de l'intérieur* (2). »

Après la condamnation de l'Américanisme, on lisait dans la correspondance du *Sillon* ;

« Croyons-nous moins, après ces documents, que notre devoir est de chercher *une conciliation entre le dogme catholique et les idées du siècle*, de travailler à une adaptation progressive du catholicisme à toutes les forces qui mènent à notre monde moderne (3). »

On voudrait laisser aux auteurs de ces affirmations la responsabilité de leurs paroles, mais les amis de M. Sangnier lui servent d'écho, et outre les faits qui confirment la fidélité de cet écho, lui-même y ajoute des déclarations explicites comme

(1) *Le Problème de l'heure présente*, par Mgr Delassus.
(2) *Les Nouvelles Semailles*, p. 10.
(3) *Le Sillon*, 10 avril 1899.

celle du Congrès d'Epinal en 1904, qui fit quelque bruit.

C'est précisément à propos du *Syllabus*, et précisément aussi parce qu'on objectait à M. Marc Sangnier la contradiction de ses théories avec les paroles et les actes de l'Eglise qu'il s'écriait : « Et pourquoi un catholique ne pourrait-il pas marcher avec le progrès moderne » ? Et d'entrer à ce propos dans des explications, dont le moindre inconvénient était leur inopportunité devant un tel auditoire, leur inexactitude réelle (1).

M. Sangnier s'est vivement défendu d'avoir, en cette circonstance, sacrifié le *Syllabus* et l'autorité pontificale. Personne n'a intérêt à le maintenir malgré lui dans la position malheureuse où il s'était placé. Encore est-il fâcheux — et c'est ce qu'il faut retenir ici — qu'un apologiste de la foi, parlant devant un public mi-partie catholique, d'une instruction religieuse peu développée, et mi-partie hostile à la religion, présente la doctrine chrétienne dans un jour tellement douteux que ses amis soient exposés à ne plus bien la reconnaître, et que ses adversaires, s'estimant victorieux, tendent la main à leur contradicteur en lui disant : « avec des catholiques comme vous, nous nous entendrons toujours. »

M. Marc Sangnier est si bien sous l'influence du libéralisme qu'il l'affirme même en s'en défendant. La polémique qu'il soutint avec le journal *la Vérité française*, au sujet du Congrès d'Epinal, le montre glissant les formules de l'erreur dans la protestation même de son orthodoxie.

(1) *Le Sillon*, 10 Juin 1904.

« Mais vous sentez bien que je n'ai nullement eu l'intention de désapprouver le *Syllabus*, que j'ai toujours accueilli, au contraire, non seulement avec le plus grand respect, mais aussi avec la plus joyeuse reconnaissance, car *sans méconnaître les droits de la pensée libre*, il a le courage, trop rare, hélas! dans nos milieux catholiques faibles et lâches, de condamner vigoureusement le libéralisme corrupteur. »

L'éloge dont M. Marc Sangnier honore le courage du Souverain Pontife ne compense pas un tel abus de langage (1), pas plus que l'explication suivante ne satisfait son devoir d'apologiste populaire :

« Le *Syllabus*, a écrit M. Lapicque, fut jeté à l'eau comme n'étant pas de dogme. — Evidemment, j'ai dû affirmer que le *Syllabus*, simple recueil de propositions condamnées par le Pape Pie IX, soit dans des encycliques, soit dans des lettres, soit même dans des allocutions, ne porte aucunement la note d'hérésie pour toutes les propositions qui s'y trouvent (2). »

M. Marc Sangnier croit-il donner une idée juste à ses auditeurs en leur présentant le *Syllabus* en ces termes, quelqu'interprétation légitime qu'ils admettent, et en posant une opinion très contestée pour une vérité acquise? Estime-t-il, d'ailleurs, que les seuls actes *ex cathedra* obligent les catholiques? et croit-il suffisante, pour un auditoire comme le sien, la réponse suivante ?

« M. Lapicque. — Pouvez-vous n'admettre que les dogmes et rejeter tout ce qui n'est pas défini ?

« M. Marc Sangnier. — *Nous sommes libres* (?) je ne

(1) Toujours la même illusion funeste, de vouloir forcer la vérité à s'exprimer par des formules consacrées de l'erreur.

(2) Lettre insérée par *la Vérité française*, 21 juillet 1904.

dis pas sans péril d'orgueil et de témérité, mais sans hérésie, de ne pas admettre ce qui n'est pas article de foi (1).

M. Marc Sangnier dit encore : « A Epinal, j'affirmais seulement à M. Lapicque que ce *Syllabus* doit apparaître, même aux yeux des non-croyants, *comme un document de grand bon sens* et qui, en aucune façon, ne saurait être en contradiction avec ce qu'il y a de légitime dans l'idée que se font nos contemporains des droits de la pensée libre (2). »

Dans *l'Esprit démocratique*, il écrit : « *Le* Syllabus *est donc bien l'expression de la pensée humaine*, puisque ce sont ceux qui le stigmatisent comme un symbole d'oppression qui sont les premiers à le refaire maladroitement à leur profit... »

L'auteur veut dire sans doute que le dogmatisme, qui affirme et condamne, est conforme à la nature de l'esprit humain. Mais combien de lecteurs ou d'auditeurs seront capables de démêler sa pensée?

Monseigneur Turinaz conclut avec une logique irréfutable :

« Personne n'ignore que M. Lapicque est un librepenseur absolument opposé à l'Église catholique, dreyfusard très ardent et anticlérical déclaré. Il est évident, non pas seulement par le compte-rendu de M. Lapicque, contre lequel aucune protestation ni aucune observation n'ont été faites pendant plusieurs semaines après sa publication, mais par le compte-rendu du *Sillon*, que M. Lapicque n'a fait aucune concession. Il est évident, d'autre part, qu'il y a eu accord au moins sur des points très importants, puisque M. Lapicque a dit, d'après *le Sillon*, « avec des catholiques comme vous je n'hésiterais pas à marcher la main dans la main », et puisque

(1) Compte-rendu du Congrès d'Epinal.
(2) Lettre à *la Vérité française*, 6 août 1904.

M. Lapicque et vous, vous vous êtes serré la main. Donc c'est vous qui avait fait les concessions (1). »

On a dit excellemment :

« Leur entreprise (celle de ces conciliateurs) serait digne de respect et d'encouragement, si leurs efforts tendaient à réconcilier la secte moderne avec l'Église en amenant l'opinion contemporaine à délaisser les erreurs et les préjugés qui la mettent sur tant de points en contradiction avec le catholicisme ; mais, désespérant sans doute d'obtenir ce résultat, croyant aussi peut-être que tous les torts ne sont pas du côté des idées modernes, les conciliateurs ont entrepris d'amener l'Église à se réconcilier et à transiger avec la société moderne, avec le libéralisme et ce qu'on appelle le progrès (2). »

L'illusion, l'erreur du libéralisme et son point de départ ne pouvaient être marqués plus exactement.

Parmi les avertissements renouvelés par Léon XIII recueillons encore ce passage des instructions formulées, d'après ses ordres, par la Congrégation des affaires ecclésiastiques extraordinaires (27 janvier 1902).

« On ne pourrait approuver dans les publications catholiques un langage qui, s'inspirant d'une nouveauté malsaine, semblerait railler la piété des fidèles et *parlerait de nouvelles orientations de la vie chrétienne, de nouvelles aspirations de l'âme moderne, de nouvelle vocation sociale du clergé, de nouvelle civilisation chrétienne*, etc. »

(1) L'Évêque de Nancy, *la Croix et le Sillon*.
(2) M. l'abbé Maignen, *Nationalisme, catholicisme, révolution*.

Que faudra-il conclure si nous jugeons d'après ces règles des pages comme celle-ci :

« Les jacobins semblent triompher aujourd'hui... ils se figurent dévorer une Église anémiée et à demi morte déjà ; *ils ne font que déchirer un manteau vieilli qui, sans eux — (sans eux !) — serait tombé en poussière, laissant apparaître la robe nouvelle dont les siècles vont revêtir l'éternelle vivante...* »?

Ainsi sans les jacobins, le manteau vieilli de l'Eglise serait tombé en poussière ; mais, grâce à eux, il va se transformer en une robe nouvelle.

Ce manteau vieilli, seraient-ce les congrégations religieuses que les jacobins ruinent et tuent, nos établissements hospitaliers, toutes nos œuvres de charité détruites, nos maisons d'éducation chrétiennes supprimées ? — car c'est de cela qu'il s'agit.

« Si l'on appelle catholicisme *l'état d'esprit démodé, la mentalité surannée et inféconde* que nous ne connaissons que trop, hélas ! j'en conviens, le catholicisme agonise et les sectaires ont gagné la partie... Mais qu'ils ne soient pas trop fiers...

« C'est qu'en effet une race nouvelle s'est levée (1). »

Et ailleurs :

« Leurs adversaires s'acharnent à détruire de leurs propres mains tout ce qui avait pu rendre autrefois l'Eglise impopulaire en France. Ils se figurent la tuer en la frappant. Ils réveillent seulement ses énergies assoupies. La chassant de toutes les places officielles, ils la contraignent à chercher un appui et sa force dans les milieux populaires. Ils en font une conquérante ; et

(1) *Le Sillon*, 25 novembre 1902, et *l'Esprit démocratique* : les ennemis intérieurs du catholicisme.

s'ils lui enlèvent un pouvoir extérieur qui depuis longtemps n'était plus qu'un vestige et qu'une ombre, ils lui permettent ainsi peut-être de concentrer toutes ses forces sur l'œuvre essentielle et primordiale de la démocratie à réaliser et à discipliner dans la justice et dans l'amour du Christ (1). »

Et encore : « On ne nous persuadera jamais que le catholicisme ait dit son dernier mot en France : ce merveilleux édifice... n'est tombé en ruine que parce que nous devions, avec ces mêmes matériaux que la race et le tempérament français nous fournissaient, bâtir une nouvelle maison dont les plans agréeront sans doute à cette Église, dont le fondateur est celui-là même qui a déposé dans nos âmes le germe des vertus sans lesquelles toute démocratie n'est qu'une impuissante et tyrannique démagogie (2). »

Serait-on accusé d'injustice, si l'on disait qu'eux-mêmes, les libéraux défenseurs de l'Eglise, tirent sur *le manteau vieilli et démodé ?*

En 1899, Mgr Ireland honorait le Sillon de sa visite. Paul Renaudin le salue au nom de ses amis.

— « Monseigneur Ireland, dit-il, sait depuis combien longtemps nous le connaissons et l'admirons : *Comment nous essayons d'adapter à notre pays ses méthodes...*

— « Dissipez les malentendus ! dit le prélat.

— « Mais, Monseigneur, en France, il n'y a point de terrain neutre... »

Monseigneur Ireland poursuit : « *Vous n'avez pas de terrain neutre : faites-en un* (3). »

Le Sillon s'y est efforcé. Les événements actuels

(1) *L'Univers*, 16 février. Faut-il faire un parti catholique? Article de M. Marc Sangnier.

(2) *L'Univers*, 12 janvier 1905. La force de l'idée. Art. de M. Marc Sangnier.

(3) *Le Sillon*, 10 juin 1899.

le servent, semblerait-il, trop à souhait. Mais loin d'en être déconcerté, il s'en félicite:

« Supprimer la liberté de l'enseignement, mais n'est-ce pas justement combler le passé qui sépare la jeunesse catholique de la jeunesse laïque...

« Oh! quels passionnants champs de bataille vont devenir nos lycées, et que nos amis y seront à l'aise pour lutter vigoureusement avec toute la fougue de leur jeunesse indomptée contre l'esprit administratif et les dogmes officiels des laïcs!... Ils porteront dans leur sang toutes les révoltes d'une génération opprimée; ils acquerront, dès l'enfance, au contact des adversaires, les sens des opportunistes, le goût de la conquête; ils n'auront plus même à vaincre le respect humain, si leur foi apparaît comme un délit de pensée libre dont on est fier et qui donne presque des panaches...

« Ce qu'il nous faut, c'est le corps à corps des doctrines. Nous avons confiance en la vérité. Rien ne fera ni que nous ayons tort ni que nous ayons peur... (1). »

« Qu'ils songent que le passage obligatoire à la caserne a peut-être été plus utile que nuisible à la formation et à la popularité du jeune clergé (2)! »

Ainsi, la suppression de la liberté de l'enseignement, le service militaire imposé au clergé, tout tourne au bien.

On lit dans une correspondance insérée dans *le Sillon* du 25 juin 1901, à propos du service militaire des séminaristes : « *Comment ne pas voir une merveilleuse disposition de la bonté divine là où on n'a voulu trouver jusqu'à présent qu'une œuvre diabolique et persécutrice?* Sans doute, comme ils le disent, les prêtres pouvaient beaucoup perdre à un pareil état

(1) *L'Esprit démocratique*, 3e partie, ch. v, p. 241.
(2) Même article.

de choses : tous les avantages qu'on prétend leur venir de là, connaissance du mal social, bienveillance, tact, ils peuvent les acquérir partout et toujours. Mais le soldat ne pouvait qu'y gagner et Dieu avec. Voyez donc ! on voulait le proscrire de la caserne et on a aboli les aumôniers. Mais Dieu qu'ils chassaient par la porte est revenu par la fenêtre. Dans la caserne qu'ils laïcisaient, ils ont introduit le clergé !... »

Quant aux ordres religieux ruinés et bannis; la dispersion devient un bienfait; la vie de couvent leur nuisait, l'habit même était un inconvénient.

« Donc après avoir mêlé le levain à la pâte, en allant chercher dans les cloîtres les dévouements cachés, qui, peut-être, s'y consumaient trop ignorants des besoins contemporains (!) pour les lancer dans la voie de l'apostolat (?); après avoir pris soin même de dépouiller ces apôtres modernes du costume qui aurait pu, en les signalant, rendre moins aisée leur pénétration dans les milieux (que de services rendus à l'Église !), ils veulent que dans chaque école, que dans chaque lycée d'État, il y ait un intense foyer d'action catholique (1)... »

Le grand écueil des libéraux en religion est l'esprit d'indépendance que souffle la passion de la liberté. Il les amène à cette contradiction d'unir à leur zèle pour l'Eglise la méconnaissance de son autorité et la présomption de juger ce qui ne ressortit qu'à elle.

Le respect même le cède à l'emportement du zèle. Qu'on décide quels sont les bons évêques : « Les pasteurs qui ont donné leur appui moral et leur approbation (à Mme Marie du Sacré-Cœur) sont précisément ceux qui sont le plus près de l'esprit

(1) Les Ennemis intérieurs du catholicisme.

et du cœur du Souverain-Pontife (!) », ou qu'on déclare nos évêques « presque tous royalistes (!) », cela est à peu près sans conséquence... — Mais qu'intervienne une décision de l'autorité ecclésiastique retenant encore le manteau vieilli :

« Sans l'action tenace de quelques inquisiteurs spontanés, est-ce que le Saint-Père aurait pensé à se prononcer sur la question d'une école normale d'institutrices religieuses? En quoi cela regarde-t-il plus la cour de Rome que le menu du réfectoire d'une école ou la couleur du badigeon de ses murailles (1)?... »

« A propos de l'Américanisme, dans le même article :

« Et l'Américanisme, pense-t-on que le Pape a été heureux de se prononcer là-dessus, et qu'il aurait eu même l'idée de le faire sans le zèle criard de quelques sauveurs du Capitole? Le résultat, on le voit : pour prévenir un danger de divergence théologique sur le mode d'action du Saint-Esprit dans les âmes, *danger imaginaire* contre lequel ont protesté avec indignation ceux-là même qu'on visait, on court risque d'achever de couper bras et jambes à nos pauvres frères et ce, non dans le domaine du dogme, mais dans celui de l'action de chaque jour, privée ou publique. Franchement, nous avions bien besoin de ça !

« On chuchote bien des choses, je ne l'ignore pas, sur la façon dont l'entourage du Saint Père aurait mis à profit, ces temps derniers, sa vieillesse et sa maladie. Il est en effet malheureux que la chancellerie du Vatican parle si longuement de l'Américanisme et de l'école normale des sœurs enseignantes, quand elle n'a pas cru devoir dire un mot sur les trois cent mille Arméniens

(1) *Le Sillon*, 25 février 1899.
(2) *Le Sillon*, 10 juin 1899, à propos de Mme Marie du Sacré-Cœur.

massacrés. (Aussi, l'Arménie est-elle en train de passer au protestantisme.).. »

Et dans une livraison précédente : « Ne serait-il pas plus franc d'avouer que le Pape semble en train de renier peu à peu, dans tout ce qu'elle a d'humain et, par suite, de destructible, bien entendu, l'œuvre de son glorieux pontificat. Cela peut et doit nous attrister, cela ne peut ni ne doit nous décourager (1). »

Alors on se croira libre à l'égard de toute décision qui n'est pas une définition *ex cathedra.* Ce que les auditeurs de M. Marc Sangnier ont pu s'imaginer à Epinal devient une opinion formelle :

« Ne serait-il pas plus politique aussi, tout en nous soumettant, par esprit d'obéissance à l'Église, dans toute la mesure nécessaire, de dire nettement que ces soumissions ne sont ni des rétractations (notre orthodoxie n'étant atteinte en rien, et le magistère infaillible ne s'exerçant aucunement dans ces lettres ou ces décisions de Congrégations), ni des renonciations (2)... »

« Quelque respectueuse vénération que nous ayons pour le successeur de saint Pierre, avec quelque pieuse déférence que nous recevions ses légitimes avis, nous ne pouvons oublier que c'est à nous, à nous seuls qu'appartient en dernier ressort le droit de choisir entre la république ou la monarchie, entre l'éducation congréganiste ou l'éducation familiale, entre l'initiation sociale des Anglo-Saxons ou des Hispaniens, entre mille problèmes conjecturaux qui ne relèvent pas du pouvoir *ex cathedra* (3).

« Il me semble qu'on a compliqué au delà du nécessaire notre religion, notre christianisme catholique... Je revendique... la liberté vraie et le respect sincère de la pensée catholique pour les opinions dites nouvelles,

(1) *Le Sillon*, 10 avril 1899.
(2) Même article.
(3) *Le Sillon*, 25 février 1899, lettre de A. D.

quand elles ne vont pas réellement contre une vérité définie (1). »

C'est que, séduit par tout appel à la conciliation dont l'Eglise aurait à faire les frais, *le Sillon* ne devait pas se défendre d'ouvrir ses colonnes aux questions de théologie les moins accessibles à de jeunes laïques et les plus étrangères à l'action sociale.

Au sujet d'un article dans lequel M. Loisy avait développé son erreur fondamentale sur l'évolution de la foi et sur les emprunts qu'ont faits nos dogmes aux religions anciennes, aux doctrines philosophiques, aux notions scientifiques, on lisait, dans le numéro du 25 mai 1899 :

« Qu'importe que le dogme catholique ait emprunté à des idées philosophiques les éléments de son développement ! » Et ailleurs : « De même que les germes organiques, dit-il, puisent autour d'eux dans l'air ou le sol les éléments nutritifs qu'ils s'incorporent, les germes dogmatiques, pour atteindre leur développement complet, ont besoin d'aller chercher dans le milieu ambiant des idées philosophiques ou populaires des données qui leur soient homogènes et de se les assimiler (2). »

Le 10 juin 1899, il disait encore : « Je pense que le catholicisme est une vie avant d'être un dogme, que le dogme lui-même doit exprimer la vie intellectuelle de l'Église et que si le dogme défini présente un réel intérêt et doit être connu, la théologie ne présente qu'un intérêt très secondaire, là où elle ne se contente pas d'indiquer sommairement l'orientation la plus générale de la conscience sociale de l'Église dans les questions vitales. »

(1) *Le Sillon*, 25 février 1899.
(2) Cité par Mgr Turinaz. Encore quelques mots sur les périls de la foi et de la discipline dans l'Eglise de France.

Et le 24 novembre 1903, on pressait les membres du Sillon d'assister aux conférences de l'abbé Naudet sur la Bible, la science et la foi. Or, dans ces conférences, M. Naudet a fait plusieurs fois l'éloge de M. Loisy. *La Justice Sociale*, favorable aux idées de Loisy, n'a guère cessé, depuis longtemps, de louer à outrance *le Sillon*.

A la même époque, *le Sillon* ouvrait une discussion sur les Etudes dans les Grands Séminaires. Chacun y apportait ses réflexions, ses critiques, ses projets de réforme. Citons seulement la conclusion la plus autorisée, parue sous la signature de A. D., le 10 juin 1899 :

« En résumé, plus de place laissée à la vie chrétienne sous sa forme sentimentale intime et personnelle, sous sa forme sociale aussi, commune et ecclésiastique, sous ces deux formes toutes deux aussi réelles, aussi fécondes, destinées à se compléter l'une l'autre, à se parfaire, et moins de place aux spéculations rationnelles, à ce qu'on est encore convenu d'appeler la philosophie, à ce qui n'a de la vraie philosophie que l'apparence, parce que ces systèmes d'idées pour la plupart ne se rattachent pas d'assez près à la logique vivante, à la raison pratique, ils sont la production d'un cerveau et non de toute une âme, ils n'ont pas reçu la consécration vivifiante que donne la conscience sociale de l'Église aux idées fécondes et aux approximations réelles de l'inexprimable vérité. »

On doit à la vérité et à la justice de dire que, le 25 juin 1899, M. Marc Sangnier blâma ses amis d'oublier qu'ils n'étaient pas des théologiens et les rappela au sentiment de la discipline ecclésiastique (1). Mais aucune des témérités ou des erreurs

(1) C'est la raison pour laquelle nous nous abstenons de citer certains jugements portés, à la même époque, sur l'Eglise, et dont l'âpreté, l'inconsidération deviennent un scandale chez de prétendus protogonistes du catholicisme.

propagées dans le milieu du Sillon ne fut rectifiée. Sans doute ces fruits du libéralisme étaient trop manifestement gâtés pour qu'on ne les rejetât pas, cependant c'est bien de cette racine qu'ils étaient issus. Or, la racine occupe encore le terrain et ses fruits n'ont pas changé d'espèce. Nous l'avons suffisamment montré, la suite le fera voir encore.

Or, quand on réfléchit, d'une part, au rôle apostolique et apologétique que le Sillon s'attribue, de l'autre, au milieu dans lequel il exerce cet apostolat, à ces auditoires ouvriers et populaires où les notions sur la nature, la mission, les droits de l'Eglise devraient être précisés avec sûreté, comment ne pas voir que le libéralisme religieux en compromet d'avance les résultats ?

2° LA TÉMÉRITÉ DE SES MÉTHODES

M. Marc Sangnier, apologiste de la religion, a des témérités deux fois dangereuses : elles compromettent la doctrine, et sont en désaccord avec la discipline de l'Eglise.

Pour la doctrine, tout d'abord, combien il eût été souhaitable que M. Marc Sangnier demeurât fidèle à cette déclaration extraite de sa polémique avec *la Vérité française*, à propos du Congrès d'Epinal :

« Au reste le catholicisme n'est-il pas fait pour les tout petits, et qu'avons-nous le droit d'apporter à nos contradicteurs, lorsqu'ils se placent sur le terrain religieux, *sinon les réponses du catéchisme* : nous ne tenons pas de ceux qui se piquent de faire concurrence avec l'Église enseignante (1). »

(1) *La Vérité*, 6 août 1904. Lettre de M. Marc Sangnier.

Oui, les réponses du catéchisme nettement exposées, clairement développées, voilà bien ce dont son public aurait besoin.

Sans revenir, sans insister sur ce que M. Marc Sangnier ajouta aux réponses du catéchisme dans ce Congrès sur la portée du *Syllabus*, sur la valeur de l'excommunication, le mauvais usage que les papes pourraient en faire — « par haine, par vengeance ou par aveuglement (1) », et cela devant un auditoire d'ouvriers catholiques sans instruction et de socialistes ennemis de l'Eglise ! — écoutons-le dans une circonstance analogue, au Congrès de Tours, 1903.

A la séance d'ouverture, M. Marc Sangnier ayant proposé, après son discours, de répondre aux socialistes, ceux-ci lui demandèrent aussitôt les preuves de l'existence de Dieu.

Avec l'étonnante méconnaissance, qu'on a souvent remarquée chez lui, de ce qui convient ou ne convient pas aux milieux populaires, M. Marc Sangnier se garda bien de s'en tenir *aux réponses du catéchisme.* — C'était pourtant bien le cas. Pouvait-il mieux faire que de présenter, en les ornant du charme et de l'éclat de sa parole, les preuves traditionnelles de l'existence de Dieu?

Il commença par les abandonner, en concédant que l'existence de Dieu ne se peut prouver directement par la raison, s'exprima presque comme un kantiste et fit de l'apologie selon l'immanence (2).

Qu'arriva-t-il? — Un ouvrier socialiste réclame

(1) Même numéro.

(2) Le compte-rendu des journaux de Tours, quoique très incomplet et mal fait, en porte encore le témoignage et mentionne, par exemple, l'appel fait par l'orateur à l'impératif catégorique de Kant.

la parole, monte à la tribune et dit en propres termes : « Vous venez de reconnaître que la raison ne peut prouver l'existence de Dieu; vous n'êtes donc pas en droit de l'affirmer; moi, je suis en droit de la nier, et je vais vous expliquer comment les hommes se sont fait l'idée de Dieu. » Là-dessus, un exposé piquant, ma foi, dans une telle bouche, de la théorie empruntée à Auguste Comte.

Même devant la question ainsi posée, M. Marc Sangnier ne retrouva pas les réponses du catéchisme; et la faiblesse de sa réplique aurait été sensible pour l'auditoire, si elle n'eût été noyée dans une digression brillante sur la prétendue opposition entre la science et la foi.

Quel fut, pense-t-on, le résultat? *L'Univers* terminait son compte-rendu en disant : « *L'auditoire catholique en a été confirmé dans sa foi*, et quelques semences fécondes ont été déposées dans le cerveau des incroyants. » La bienveillance et l'amitié excusent peut-être cette appréciation louangeuse, mais l'effet naturel pouvait-il bien être de confirmer la foi?

Il est juste d'ajouter que l'insuffisance et l'erreur de cette démonstration ayant été signalées dans la presse, M. Marc Sangnier s'en défendit. « J'ai voulu dire, expliqua-t-il, que la raison ne démontre pas l'existence de Dieu avec une certitude *mathématique*. Mais comment aurais-je pu nier la valeur des preuves rationnelles, puisque ce serait aller contre la doctrine du Concile du Vatican? »

A merveille! Mais c'était s'en apercevoir trop tard. D'ailleurs qui a jamais attribué une certitude mathématique à ces preuves? L'objection posée par le contradicteur socialiste dans les termes précis que j'ai cités ne devait-elle pas, alors, appeler infailliblement de la part du conférencier cette distinction entre certitude rationnelle et certitude mathématique, et le ramener au catéchisme?

L'exactitude de mon récit n'a pas besoin d'une confirmation extérieure. Mais il ne sera pas difficile de la trouver dans d'autres faits (1).

Monseigneur l'évêque de Nancy dit, par exemple :

« *Le Sillon*, qui n'hésite devant aucune question et aucun problème, est opposé à la philosophie de saint Thomas et à l'apologétique dont elle est la base. Voyez entre autres, en tête des numéros des 25 janvier, 10 février et 25 février 1899, le long travail du *Sillon* sur l'Encyclique *Æterni Patris*. Mais il admire l'apologétique de l'immanence... (2). »

Mais, sans chercher ailleurs, ne lit-on pas dans *l'Esprit démocratique :*

« Que de disputes stériles seraient évitées et quelle magnifique puissance d'expansion acquerrait *notre foi*, si les catholiques arrivaient à se persuader enfin *que la vérité de la religion ne saurait se démontrer comme un théorème*, que le christianisme peut bien, sans doute,

(1) Voici d'ailleurs une circonstance toute récente, où le même cas s'est exactement reproduit.

« Le 21 mai 1905, raconte le Directeur des conférences d'Études sociales de Notre-Dame du Haumont, je me suis rendu à Lille, à une conférence contradictoire organisée par le Sillon, pour me rendre compte par moi-même de cette méthode et de ses résultats pratiques. J'ai frémi en entendant les socialistes attaquer avec rage l'existence de Dieu, sa bonté, sa providence, puis bafouer et calomnier l'Église.

« Les réponses du moins ont-elles été péremptoires ?

« L'orateur catholique émit cette assertion que l'existence de Dieu ne peut pas être démontrée par des arguments de pure raison, et qu'il faut, pour l'admettre, une intervention de la volonté. Cette assertion était tout simplement une hérésie condamnée par le Concile du Vatican. » (Cité par la *Semaine religieuse* de Cambrai.)

(2) Brochure citée plus haut.

dans un certain sens, *être prouvé*, mais qu'il doit surtout être *expérimenté*... (1) » dans un certain sens !

« Souvenons-nous que le Christ n'est pas un mort, mais un vivant, que le Christ *s'expérimente peut-être plus qu'il ne se prouve*... (2). »

On ne prétend point ici contester absolument la valeur de la nouvelle apologétique. Mais sans entrer dans cette discussion, sans même trop examiner ce que renferment ces dernières propositions, ne sommes-nous pas en droit de dire que, comme *méthode d'apologie populaire*, devant des hommes à peine munis de notions religieuses élémentaires, ou nourris d'irréligion, la méthode de M. Marc Sangnier est de la plus dangereuse témérité? N'est-on pas en droit de craindre qu'en dépit du succès personnel de son défenseur la vérité religieuse soit loin d'y trouver un triomphe?

Ne poussons pas plus loin nos recherches sur la fermeté de doctrine ordinaire au *Sillon*. N'en jugeons point, par exemple, par ces lignes écrites par M. Jean Lionnet, dans le numéro du 25 mars 1901, appréciant une tragédie intitulée : Le Nouveau Christ, où il conclut en ces termes :

« Ce Christ n'enseigne pas... *Il n'est ni chrétien, ni socialiste, ni anarchiste. Il n'a point de doctrine. On ne sait pas ce qu'il expie*... Cependant il est beau, il aime les malheureux : *Aimons-le !* »

Ne nous attardons pas davantage à rappeler les confusions où M. Marc Sangnier paraît tomber, quand il mêle l'ordre naturel et l'ordre surnaturel,

(1) *L'Esprit démocratique*, p. 25.
(2) *L'Esprit démocratique*, page 73.

pour trouver dans le Christ l'identification de l'intérêt privé et de l'intérêt général, et par là établir un lien nécessaire entre le Christ et la démocratie, ni l'étrange interprétation de son collaborateur qui nous présente dans le mystère de la Sainte Trinité l'idéal du régime républicain et « la mise en participation de la souveraineté de Dieu ».

C'est assez désormais pour faire comprendre la gravité du second vice que nous avons à signaler dans la méthode du Sillon.

Ce vice apparaît dans le choix même des conditions où le Sillon exerce son apostolat.

Il consiste dans la méthode des réunions contradictoires.

Nous en parlons surtout au point de vue de l'apologétique religieuse; mais cette critique s'étendra, proportion gardée, à la discussion des questions économiques et sociales dont nous nous occuperons tout à l'heure.

Quelque réponse victorieuse que l'on pense tirer de l'éclat avec lequel ces discussions publiques sont soutenues par l'éloquent orateur du Sillon, quelqu'avantage qu'on trouve à l'impulsion donnée aux classes moyennes et inférieures, à l'éveil des énergies qui en résultent, nous ne craignons pas de dire, — et les faits précités nous dispensent d'autre explication, — que, comme rien ne doit prévaloir contre les intérêts de la foi, les prescriptions de l'Eglise en ce qui concerne les conférences contradictoires entre les catholiques et les libres penseurs ou socialistes s'appliquent certainement aux conférences organisées par le Sillon.

Ces conditions ont reçu une nouvelle force obligatoire, il y a trois ans, par l'Instruction de la Sacrée Congrégation des affaires ecclésiastiques, dont le cardinal Rampolla était préfet. Elle fut publiée le 27 janvier 1902, par ordre de Léon XIII (1).

L'article VIII est ainsi conçu :

« Comme dans leur ensemble les doctrines socialistes contiennent des hérésies, *les réunions contradictoires* tombent sous les décrets du Saint-Siège relatifs aux disputes avec les hérétiques. »

La législation toujours en vigueur sur cette matière se résume ainsi :

1° Les colloques et les disputes entre les catholiques et les hérétiques ne sont permis que lorsqu'on espère qu'il en sortira un plus grand bien et lorsqu'elles réunissent les conditions déterminées par les théologiens.

2° Le Saint-Siège Apostolique et les Pontifes Romains, considérant que, souvent, ces disputes, colloques et réunions contradictoires ont abouti à un résultat nul ou fâcheux, les ont souvent prohibés et ont donné des ordres aux supérieurs ecclésiastiques pour chercher à les empêcher; et lorsqu'ils n'y sont pas parvenus ils ont au moins cherché à obtenir qu'ils n'aient pas lieu sans l'autorité apostolique, et qu'il n'y paraisse que des personnages capables de faire triompher la vérité chrétienne. La Sacrée Congrégation de la Propagande a souvent donné par écrit ces mêmes instructions à ses missionnaires, les avertissant de ne pas engager de disputes publiques avec les hérétiques.

Et l'un des motifs pour lesquels le Saint-Siège interdit ces disputes publiques est indiqué dans un autre décret du 8 mars 1625, par ces paroles qui sont, aujourd'hui encore, d'une douloureuse actualité : « Souvent, ou la fausse éloquence, ou l'audace, ou le genre d'auditoire aboutissent à ce résultat que l'erreur l'emporte sur la vérité. »

(1) Voir, dans *les Études* (20 août 1905), l'article : *Ce que pense l'Eglise des conférences contradictoires.*

LE SILLON

ET LA QUESTION SOCIALE

On a déjà pu s'en rendre compte, le Sillon n'envisage pas la question sociale au même point de vue que l'Eglise.

L'Eglise s'émeut comme une mère, à la vue des maux sans nombre qui pèsent sur les classes inférieures de la société et dévorent les profondes couches populaires, par suite d'un oubli de plus en plus complet des principes de charité, de justice et d'équité, précisément à une époque où le développement excessif de l'activité industrielle et commerciale en rendrait la nécessité plus impérieuse et les applications infinies.

Effrayée pour les sociétés humaines des troubles où les jette l'immense désordre résultant de cet oubli, elle qui a le dépôt de l'Evangile, fondement solide et code parfait de ces principes, elle presse ses enfants de consacrer leur zèle à renouveler la société dans l'esprit chrétien, et, sous l'inspiration de cet esprit, à pourvoir, autant qu'il est possible, par les institutions charitables et les œuvres sociales, par l'étude approfondie des questions économiques, par la préparation de réformes et de lois sages, au soulagement de tant de maux individuels, au rétablissement de l'équilibre, de l'harmonie entre les divers organismes sociaux.

Tel est son but.

Pour le Sillon, c'est trop peu. A ses yeux, c'est une vaine tentative de vouloir améliorer l'état actuel de la société. Cette société est irrémédiablement condamnée; il s'agit de la transformer entièrement et de l'établir sur des bases nouvelles. Or, la base de la *société future* pour laquelle le Sillon travaille sera l'esprit démocratique.

Tout pour le peuple, c'est donc insuffisant, ce n'est même rien, si ce n'est en même temps *tout par le peuple*.

En conséquence, les réformes sociales vaudront surtout, pour le Sillon, comme moyens de développer l'esprit démocratique.

En quoi est bien marquée la complète différence d'aspect entre sa démocratie et celle que l'Eglise autorise à se réclamer d'elle.

Ces vues sont exposées avec netteté dans un récent article de M. G. Hoog, publié dans *l'Univers* du 12 avril 1905, sous ce titre : *le Vrai terrain :*

« La démocratie, croyons-nous, ne consiste pas essentiellement dans un ensemble de réformes sociales ayant pour but d'améliorer le sort de la classe ouvrière...

« Hé oui, nous le savons, voilà très précisément ce qui différencie le catholicisme social ou la démocratie chrétienne de la démocratie, telle que nous la comprenons au Sillon. « Tout pour le peuple, » dites-vous? mais un bon tyran, plus rapidement et mieux que n'importe qui, peut la réaliser, l'imposer, *cette organisation sociale bienfaisante pour la classe ouvrière*. Aussi bien, lorsque, dans notre définition de la démocratie, nous faisons entrer les deux facteurs internes de conscience et de responsabilité, entendons-nous affirmer que *la société future* que nous rêvons ne sera pas l'œuvre exclusive d'une académie de sociologues, dont le geste superbe marquerait la voie de l'avenir aux foules dociles et ignorantes. *L'émancipation du prolétariat sortira de l'effort du prolétariat lui-même.*

« On conçoit très facilement dès lors que nous n'attachions pas à la législation et aux œuvres économiques la même signification que leur donnent certains catholiques sociaux, par exemple. Il est évident que ceux-ci, qui s'efforcent surtout d'*améliorer le régime social actuel* dont la plupart entendent bien toutefois sauvegarder le principe fondamental même de division des classes patronale et salariée, considèrent la législation comme un but. Elle ne saurait être pour nous qu'un moyen. Car nous croyons que, si l'on veut édifier l'ordre moral démocratique nouveau, il faut que, dès maintenant, les ouvriers, trouvant, grâce aux bienfaits d'une législation tutélaire, le temps de réfléchir et de vivre leur pensée, acquièrent cette indispensable éducation démocratique sans laquelle toutes les révolutions seraient impuissantes et l'émancipation prolétarienne demeurerait un vain mot.

« De même en est-il des œuvres sociales. Syndicats, mutualités, coopérations ne sont pas, à notre point de vue, des institutions qui, en rajeunissant, en modernisant le vieux cadre économique actuel, contribuent à l'immortaliser. Ce sont au contraire comme autant de points d'appui qui nous permettront de soulever plus aisément le poids lourd d'égoïsme qui s'attache fatalement à toute société croulante, menaçant d'étouffer sous ses ruines les germes de la société nouvelle qui se lève (1). »

Voilà donc les données précises. Il ne s'agit pas d'améliorer l'ordre social actuel, mais de lui subs-

(1) *L'Univers* : Le vrai terrain. Article de G. Hoog, 12 avril 1905.

tituer un ordre social nouveau. En vue de préparer l'organisation de cette société future, le principal avantage qu'il faut chercher dans la législation et les œuvres économiques sera de mettre le peuple en état de développer son éducation démocratique; on envisagera les œuvres sociales, syndicats, coopérations, surtout dans leur rapport avec ce même résultat, comme des moyens propres à faire se confondre l'intérêt particulier des individus avec l'intérêt général de la société, à porter au maximum la conscience de leur responsabilité, de leurs droits et de leurs devoirs civiques.

Ainsi, l'action sociale catholique à laquelle l'Eglise donne pour but l'amélioration du sort de la classe ouvrière et la paix, le bien général de la société, reçoit du Sillon pour fin prochaine et immédiate, le développement de l'esprit démocratique.

« Ce que nous maintenons, c'est qu'il nous importe surtout — à l'aide des organisations, de quelque nature qu'elles soient, — de développer dans les individus les qualités de conscience et de responsabilité. Voilà, pour nous, quel est le but. L'organisation, c'est un moyen, pas autre chose.

« Je crois que le régime économique actuel n'est ni incorrigible, ni irréformable. Je crois que l'organisation professionnelle et une bonne législation sociale pourraient arriver à le moraliser et à le justifier, en attendant le régime coopératif pour lequel la classe ouvrière est loin d'être mûre actuellement (par défaut de conscience et de responsabilité d'ailleurs), d'après Marc Sangnier lui-même. J'ajoute que nous croyons que l'effort de la législation et des œuvres économiques préparera, hâtera *l'avènement de la société future*... (1). »

(1) Le vrai terrain. Second article. *L'Univers*, 21 avril 1905.

La position prise par le Sillon n'est donc pas celle où l'Eglise invite l'action catholique à se placer. Il y a bien autre chose qu'un vain changement d'étiquette dans le titre nouveau de cette revue ; c'est par les exigences de sa position nouvelle que, de *Revue d'action sociale catholique, le Sillon* est devenu *Revue d'action démocratique.*

Cette attitude lui rendait indispensable, en effet, un champ d'action qui ne fût pas circonscrit par les limites dans lesquelles l'autorité pontificale enfermait la démocratie chrétienne.

« La démocratie dont le Sillon poursuit la réalisation ne se confond pas avec la « Démocratie chrétienne » qui a été exactement définie par Léon XIII dans son Encyclique sur la démocratie chrétienne ainsi que par Pie X dans son *Motu proprio.* Animée de l'esprit chrétien, notre démocratie sera, si l'on veut, une des formes particulières que peut revêtir la « démocratie chrétienne ». Les catholiques, comme les autres citoyens, ont toute liberté d'user de leur droit et de leur initiative civiques. *L'idéal catholique, qui est universel, reçoit ainsi des applications multiples et variées.* Le Christ ayant, d'ailleurs, distingué le pouvoir spirituel et le pouvoir temporel, on n'est pas en droit d'attendre de l'Église autre chose que l'expression des vérités éternelles dont elle a la garde, et des directions qui sont propres et qui se rapportent toujours à son magistère religieux (1). »

Mais la question ne se résout pas de la sorte.

Elle se pose d'une façon aussi simple qu'inéluctable.

Répétons-le d'abord, quoi qu'en dise M. Marc

(1) *L'Esprit démocratique.* Christianisme et démocratie.

Sangnier, le Pape n'a point donné une définition de la démocratie chrétienne.

La seule chose que le Pape ait dite, c'est, au contraire, qu'à proprement parler il n'y a pas de démocratie chrétienne.

Par concession, il a permis qu'on donnât ce nom à l'action sociale catholique, mais après lui avoir tracé des règles absolues.

Il ne dépend donc point des catholiques de demeurer soumis à ces prescriptions ou de s'en trouver affranchis, suivant qu'ils entendent la démocratie dans tel ou tel sens. Du moment qu'ils interviennent en catholiques dans les questions sociales, leur devoir indiscutable est de se conformer à cette direction de l'Eglise.

Et, par conséquent, il ne s'agit plus ici de savoir comment le Sillon entend la démocratie, mais s'il suit la ligne de conduite tracée par les Souverains Pontifes. Son ambition de manifester au peuple le catholicisme intégral doit la lui rendre particulièrement sacrée.

Le Sillon ne mettra sans doute point en question ce devoir. Les récentes paroles de Pie X, dans sa lettre au cardinal Swampa, à propos des écarts des démocrates catholiques en Italie, sont venues le rappeler en des termes dont il est impossible de contester la portée générale : « Ils affirment, en effet, que de pareilles prohibitions (celles des évêques) ne regardent pas leurs sociétés ou leurs personnes. Ils proclament que le Pape ou les évêques ont le droit de juger des choses qui se rapportent à la foi et à la morale, *mais non celui de diriger l'action sociale*; et, par suite, ils se considèrent eux-mêmes comme libres de pousser plus avant leur entreprise. »

Mais on aimerait à voir le Sillon reconnaître cette autorité plus explicitement que dans le passage cité plus haut : « on n'est pas en droit d'attendre de l'Eglise autre chose que l'expression des vérités éternelles, etc... », ou que dans les déclarations suivantes :

« Le Sillon se conforme ainsi aux directions de la hiérarchie ecclésiastique dont le rôle n'est pas d'imposer aux fidèles telles conceptions sociales ou politiques, mais seulement d'examiner si ces conceptions ne sont pas la négation ou la diminution des doctrines catholiques (1). »

« L'évêque dans son diocèse, le curé dans sa paroisse, qui sont évidemment pour tout catholique les chefs spirituels, ne sont pas de droit chargés de diriger tous les efforts que font les catholiques sur le terrain social ou sur le terrain politique. Ils ne peuvent exiger que tous les groupements d'études, les syndicats, les coopérations, ces noyaux de la société future, soient dirigés par eux, soumis à leur magistère, car ils n'ont pas de magistère temporel (2). »

On sait que monseigneur Turinaz a hautement désapprouvé le Sillon dans son diocèse. Un congrès s'y est récemment tenu à Nancy.

« En ouvrant la première séance, M. Marc Sangnier (qui a toujours l'Évangile pour lui), « rappelle les difficultés sans nombre qui ont assailli le Sillon lorrain jusqu'ici, et il montre que ces difficultés sont le plus merveilleux gage de vie que puisse lui accorder celui qui a dit : Celui qui conserve sa vie la perd et celui qui perd sa vie la sauve (3). »

(1) *Le Sillon*, 25 août 1904. Congrès du Sillon en Bretagne.
(2) *Le Sillon*, 25 février 1905. Voir la note de la page 176.
(3) *Le Sillon*, 1er août 1905.

L'Egalité du 11 mars 1905 écrivait à propos de la conférence à Roubaix :

« La religion, dit encore M. Marc Sangnier, ne doit pas être mêlée au mouvement des idées. Ce sont là deux choses bien différentes. Les prêtres, les évêques, le pape lui-même doivent se préoccuper uniquement de leur sacerdoce. »

Le Progrès du Nord du même jour, résumant son discours, dit de son côté :

« Ce n'est pas le pape, ce ne sont pas les évêques qui peuvent nous donner la solution de la question sociale (1). »

Je crois volontiers que M. Marc Sangnier ne reconnaîtra pas là l'expression exacte de sa pensée. Mais il est fâcheux qu'il parle de façon à être si mal compris.

L'assimilation, favorable aux malentendus, qu'il faisait tout à l'heure entre les ordres social, économique et politique, facilitant les malentendus, se retrouve dans un passage de l'article récent de M. Marc Sangnier contre l'idée d'un *parti catholique* (2). Sans vouloir établir ici un rapprochement, on peut dire qu'il paraît préconiser l'indépendance au nom de l'unité, comme les américanistes trouvaient dans l'infaillibilité un encouragement à l'esprit d'innovation :

« *Sur le terrain religieux*, il faut que les catholiques marchent unis. Nous sommes catholiques avant tout. L'unité catholique est maintenue par le Pape et par les évêques, nul n'a le droit de se soustraire à leur autorité. C'est Jésus-Christ qui a institué la véritable hiérarchie.

(1) *Le Sillon*. Lettre de Mgr Turinaz à M. l'abbé Barbier.
(2) *L'Univers*, 16 février 1905.

On ne saurait songer sans injure à lui en substituer une autre officieuse et occulte. Lors donc qu'il s'agit de défendre la foi, de parler officiellement en son nom, l'Église est toute constituée avec son troupeau et ses pasteurs.

« *Sur le terrain social*, sur le terrain politique, qui donc maintiendra l'unité catholique? J'entends bien que le Pape a mission de rappeler aux peuples qui passent les éternels préceptes de la morale évangélique dont il a la garde, et que son magistère spirituel doit s'étendre sur les nations qui ne sauraient être indifférentes à la vérité religieuse. Mais qui donc aura le droit d'imposer aux catholiques telle orientation économique, telle préférence sociale, tel régime, telle tactique politiques! Personne, répétons-le avec force, personne. »

Une fois, cependant, la pensée de M. Marc Sangnier s'est fait jour plus clairement, dans la contradiction. Il en vint à nier qu'en droit ni en fait l'Eglise étende son magistère à la condamnation d'erreurs *sociales*. On lit dans le compte-rendu du congrès du Mans :

« *Un contradicteur.* — Pourtant, le *Syllabus* condamne formellement le socialisme.

« *M. Sangnier.* — Je connais très bien le *Syllabus*. Ce n'est qu'un recueil fait par Pie IX de plusieurs erreurs religieuses des temps modernes. Il n'est question dans le *Syllabus* que de la vérité dogmatique qui ne peut être découverte par la seule raison, mais par la grâce.

« *Le contradicteur.* — Il n'est question que de la vérité d'une façon générale.

« *M. Sangnier.* — Dès lors que le Pape parle en pape, il ne peut être question que de la vérité religieuse. Il n'a jamais interdit la recherche des autres vérités. Ce que le *Syllabus* condamne dans le socialisme, ce sont ses tendances antireligieuses (1). »

(1) Voir plus loin (page 176), la définition du socialisme par

La position du Sillon est en effet embarrassante. Elle est fausse. Pour lui, désormais, l'action sociale catholique est liée à une action véritablement et proprement démocratique. Sur le terrain politique, il peut se dire indépendant de la direction de l'Eglise; mais l'action sociale est comme le véhicule de son action démocratique, et comme il fait de l'une l'instrument de l'autre, il faut bien que l'une et l'autre soient indépendantes.

Nous n'entendons nullement établir une solidarité absolue entre les démocrates catholiques du Sillon et les autres, qui, sous le nom de *démocrates chrétiens*, ont émis et soutenu, sur les questions fondamentales de la propriété, de la distinction des classes, de la répartition des richesses, sur l'ordre social actuel, les théories fausses et dangereuses qui ont provoqué les récentes décisions et prescriptions pontificales.

Mais on peut constater que le Sillon est en complet accord avec eux et les considère comme ses *devanciers* et *précurseurs*.

« Je le sais, les premiers démocrates chrétiens se sont fait vaincre partout. Il était dans leur rôle d'être des prisonniers et des martyrs. Ils ont été victimes de la méchanceté de plusieurs, de leurs propres maladresses, de la tentation à laquelle ils ont succombé, sous le pontificat de Léon XIII, d'essayer d'imposer leur conception de la démocratie au nom de l'obéissance due au Pape, victimes surtout des circonstances de la fatalité, qui

M. Marc Sangnier. Il en fait consister l'essence dans l'irréligion, et considère les erreurs sociales comme l'accessoire. Cela lui permet de condamner le socialisme avec l'Eglise et de rechercher l'entente avec les socialistes sur le terrain même de leurs erreurs.

devait écraser ses premières troupes d'avant-garde sous le poids des inintelligences et des rancunes. Mais rien n'empêchera que la démocratie future n'ait besoin, pour lutter victorieusement contre tous les adversaires intérieurs et extérieurs qui risquent de l'étouffer, de la forte discipline morale du catholicisme. Rien n'empêchera la génération nouvelle d'imposer à tous ses desseins et ses rêves et rien ne résistera au mouvement d'opinion qu'elle déterminera à la vie qui sortira d'elle (1). »

A la clôture du IVe Congrès national (février 1905), M. Marc Sangnier « boit à nos devanciers sur la route de la démocratie, à l'abbé Lemire, à l'abbé Garnier, à l'abbé Gayraud, à l'abbé Naudet, *assez haïs* à cause de nos idées pour avoir le droit d'être aimés par nous pour ces mêmes idées ».

Voici, d'après le compte-rendu du même congrès, les paroles de M. Marc Sangnier dans une discussion précédente : « Nous croyons que les démocrates chrétiens ont fait une œuvre indispensable et qu'ils *nous ont préparé la voie*. Si l'œuvre que nous avons entreprise est possible aujourd'hui, c'est grâce évidemment aux batailles qu'ils ont livrées. Nous sommes d'ailleurs si peu décidés, au Sillon, à rompre avec eux que vous pouvez voir au milieu de nous, dans ce Congrès, nos amis Rivière et Desgrées du Loû. Vous savez aussi avec quelle reconnaissance nous accueillerons toujours des amis comme l'abbé Lemire, l'abbé Gayraud, l'abbé Naudet, qui nous ont précédés dans un temps où il était quelque peu hardi de se dire démocrate chrétien et ont réclamé les coups pour eux, afin que nous puissions marcher avec plus de quiétude sur le chemin de la démocratie. La plupart des conférences publiques du Sillon n'ont-elles pas été faites, d'ailleurs, par MM. Lemire, Gayraud et Naudet (2) ? »

(1) *L'Univers*, 12 janvier 1905. Art. de M. M. Sangnier.
(2) *Le Sillon*, 10 mars 1905. Inutile de dire que nous nous abstenons d'appliquer indistinctement à toutes les personnes nommées dans ce passage les reproches qu'ont justifiés certains démocrates chrétiens.

Si nous voulons maintenant répondre à la question posée : le Sillon, ardent apôtre de la réforme sociale, y travaille-t-il selon la direction donnée par les Papes aux catholiques? Nous répondons : non, et nous sommes amenés une fois de plus à conclure : le Sillon est assurément une œuvre de catholiques, mais ce n'est pas une œuvre d'action sociale catholique.

C'est une œuvre accomplie par de jeunes hommes dont la foi, la sincérité, la générosité sont au-dessus de tout éloge, mais le but qu'ils poursuivent est autre que celui où tendent les directions de l'Eglise, et les moyens qu'ils emploient ne sont pas tous conformes à sa doctrine.

Les doctrines économiques et sociales du Sillon sont-elles exemptes des erreurs condamnées par l'Eglise ? Voilà une première question.

Mais même alors que ces doctrines seraient théologiquement soutenables, peuvent-elles servir de base à une action sociale exercée parmi le peuple, parmi la masse ouvrière, ignorante ou hostile, sans produire des résultats contraires au bien de la société et opposés à ceux que l'Eglise veut obtenir par l'action des catholiques ?

C'est là ce qu'il importe de ne pas perdre de vue.

Or, il suffit de mettre en regard les enseignements et les prescriptions des Souverains Pontifes Léon XIII et Pie X avec les théories préconisées par M. Marc Sangnier, pour qu'éclatent les divergences entre l'action sociale catholique et l'action sociale du Sillon.

Déjà avant l'Encyclique *Rerum novarum*,

Léon XIII avait donné plusieurs fois ses enseignements sur les questions sociales. Il avait condamné des erreurs sur la mission exagérée de l'Etat, sur la lutte des riches et des pauvres, des ouvriers et des patrons, sur le rôle de la justice et de la charité, sur le travail « considéré comme une fonction sociale parce qu'il intéresse la société, etc.... » Mais tenons-nous-en à ce célèbre document :

Mgr Turinaz l'analyse ainsi :

1° Le Pape Léon XIII a consacré toute la première partie de cette Encyclique à démontrer et à defendre contre le socialisme, qu'il condamne, le droit de propriété privée, son inviolabilité, son principe, qui est de droit naturel, sa nécessité ;

2° Léon XIII a enseigné dans cette Encyclique la nécessité des inégalités des conditions « sans lesquelles la société ne peut exister, ni se concevoir ». Il a enseigné la concorde entre les classes, « concorde qui engendre l'ordre et la beauté » ;

3° Léon XIII a consacré une partie considérable de son Encyclique à démontrer que la solution des questions sociales et le salut sont dans l'influence de la religion, dans ses institutions, dans la résignation et la charité.

« Le premier principe à mettre en avant, c'est que l'homme doit prendre en patience sa condition » : c'est de « rappeler aux deux classes leurs devoirs mutuels, et, avant tous les autres, ceux qui dérivent de la justice. L'ouvrier doit fournir intégralement et fidèlement tout le travail auquel il s'est engagé par contrat libre et conforme à l'équité. Parmi les devoirs principaux du patron, il faut mettre au premier rang celui de donner le salaire qui convient ». C'est la « justice » dans le contrat du travail. Enfin, satisfaction étant donnée aux principes et aux exigences de la justice, base indéniable de la propriété privée et ses droits mutuels, l'Eglise a reçu du ciel « un enseignement d'une excellence et d'une importance extrêmes que la philosophie a pu ébaucher, m qu'il appartient à l'Église seule de nous donner dans sa perfection et de faire descendre de la connaissance à la pratique » concernant l'usage des biens : « Elle ordonne aux riches de ce siècle de donner, de communiquer facilement leurs richesses. » C'est la « charité » au sommet. C'est un devoir, dit Léon XIII, non pas de stricte justice, sauf les cas d'extrême nécessité, mais de charité chrétienne, un devoir par conséquent, dont on ne peut poursuivre l'accomplissement par les voies de la justice humaine. »

« C'est pourquoi, dit-il encore, si la société humaine doit être guérie, elle ne le sera que par le retour à la vie et aux institutions du christianisme. »

« Ainsi, le Chef de l'Église, ayant constaté les nombreuses misères et les graves périls de l'état social présent, et voulant y porter remède, défend et maintient avant tout les bases essentielles de la société, qui reposent à la fois sur les inégalités des conditions et les principes de justice; puis, sans exciter les multitudes, sans fomenter des troubles, sans se laisser entraîner par la soif d'innovations qui s'est emparée des sociétés et les tient dans une agitation fiévreuse, il montre le salut dans la religion et l'Église. « Puisque la religion seule, dit-il, est capable de détruire le mal dans sa racine, que tous se rappellent que la première condition à réaliser, c'est la restauration des mœurs chrétiennes ; que les ministres sacrés déploient toutes les forces de leurs âmes et toutes les industries de leur zèle ; qu'ils ne cessent d'inculquer aux hommes de toutes les classes les règles évangéliques de la vie chrétienne, et, par-dessus tout, qu'ils s'appliquent à nourrir en eux-mêmes et dans les autres, depuis les plus élevés jusqu'aux plus humbles, la charité, reine et maîtresse de toutes les vertus. »

« Tout cela est intelligible, tout cela est simple, et à la lumière de ces enseignements surnaturels et pacificateurs, on comprend une fois de plus que vraiment Jésus-

Christ est Sauveur, qu'il apporte en lui la solution de toutes les difficultés, « et qu'il n'y a de salut par aucun autre : car nul autre nom sous le ciel n'a été donné aux hommes, par lequel nous devions être sauvés. »

Dans l'Encyclique *Grave de communi*, sur la démocratie, le Pape condamne encore les erreurs suivantes :

1° Le rôle infime assigné à la charité et le blâme infligé à l'aumône dont il affirme le mérite et la nécessité; 2° il condamne l'erreur qui prétend que la question sociale est seulement une question économique. « La vérité est, dit-il, qu'elle est principalement une question morale et religieuse, et que, pour cette raison, elle doit être résolue avant tout par la règle des mœurs et le jugement de la religion »; 3° le Pape réprouve les accusations injustes de ceux qui prétendent que rien n'a été fait avant eux pour le bien du peuple ou qui prétendent « *que les œuvres et les institutions dont l'existence et la prospérité sont dues à la piété et à la générosité des générations précédentes doivent périr ou disparaître, absorbées par de nouvelles institutions* »; 4° il rappelle la condamnation de l'Américanisme; 5° il affirme de nouveau la nécessité du concours des classes supérieures et riches et de l'union entre les différentes classes sociales; 6° il affirme de nouveau la nécessité de la soumission aux évêques, auxquels il dit : « Que votre sollicitude soit éveillée en ces matières et que votre autorité reste entière pour diriger, pour retenir, pour empêcher. »

On sait que le *Motu proprio* de Pie X, publié pour apaiser les discussions soulevées par les questions sociales, reproduit, avec indication des documents, les principaux enseignements de son prédécesseur. La brièveté de cette pièce, l'ordre dans lequel ces enseignements sont rappelés, inculquent, avec une force nouvelle, le respect du droit propriété, la distinction et l'inégalité des classes, l'interdiction pour les catholiques démocrates de faire servir l'action populaire chrétienne à la prédominance d'une forme politique.

Enfin, les deux Pontifes ont également insisté sur la nécessité de donner un caractère confessionnel aux œuvres catholiques. C'est la négation *du terrain neutre* que le Sillon, à ses débuts, regrettait de ne pas trouver. Léon XIII a écrit dans l'Encyclique sur la démocratie :

« Tel est le motif pour lequel, en exhortant les catholiques à entrer dans les associations ayant pour but d'améliorer le sort du peuple, Nous n'avons jamais poussé à des institutions semblables sans avertir, en même temps, qu'elles devaient être placées sous les auspices de la religion, avec son appui et sa collaboration. »

Et Pie X, entre autres instances, écrivait, le 19 mars 1904, au comte Stanislas Medolago Albani, président du deuxième groupe de l'Œuvre des Congrès catholiques :

« Nous sommes persuadé que le deuxième groupe emploiera tous ses efforts à éloigner ses adhérents, non seulement des sociétés qui sont une cause directe de perversion intellectuelle et morale, mais encore de ces institutions neutres, qui, sous couleur de protéger les ouvriers, poursuivent une autre fin que le véritable avantage moral et économique des particuliers et des familles.

« A cet effet, Nous déclarons que, dorénavant, on ne tiendra pas pour institutions sociales catholiques celles qui ne donneront pas au deuxième groupe de l'Œuvre des Congrès leur adhésion pleine et entière... »

Recueillons maintenant les déclarations du Sillon.

« Le Sillon a le droit de proclamer également qu'il ne fait pas de sociologie confessionnelle : s'il trouve dans l'Évangile des raisons spéciales et impérieuses de se donner à tout mouvement de solidarité, de progrès et d'émancipation parce qu'il y apprend le dogme de la liberté, de l'égalité et de la fraternité humaines, il n'en reste pas moins libre dans l'application contingente de ces principes. Voilà pourquoi, comme nous l'avons montré au Congrès de Tours, il n'admet pas qu'on introduise un confessionnalisme quelconque dans les syndicats, il les veut en dehors de toute doctrine religieuse et s'il y entre ce ne sera pas pour imposer sa foi, mais pour s'efforcer — avec toute la vigueur qu'il tient de cette foi — d'améliorer la situation professionnelle de ses frères (1). »

Le Congrès de Picardie (juillet 1903) émet ce vœu unanime : « Que les œuvres sociales créées par les Cercles d'Études soient des œuvres non confessionnelles (2). »

A Nancy, le 18 mars 1905, M. Henri Teitgen, du Sillon Lorrain, prend la parole dans une grande réunion publique organisée par l'U. P. de Nancy. « Il condamna l'action politique des syndicats qui doivent demeurer strictement professionnels et protesta contre les allégations du citoyen Beaurieu qui avait dénoncé comme une manœuvre de la réaction l'entrée de nos camarades dans les syndicats rouges. — Nous ne sommes pas l'avant-garde de la réaction, dit-il, les réactionnaires le prouvent tous les jours par les attaques qu'ils dirigent contre nous. Nous sommes partisans de syndicats professionnels et, comme nous n'avons pas l'intention de promouvoir de syndicats confessionnels, nous avons le droit de vous

(1) *Les Nouvelles Semailles*, p. 214.
(2) *Le Sillon*, 25 juillet 1903.

demander de ne pas faire des syndicats la chose du parti socialiste (1). »

Que dit le chef du Sillon lui-même? — On lit dans le compte rendu du Congrès de Bretagne:

— Un séminariste demande si le Sillon est partisan des œuvres confessionnelles ou des œuvres non confessionnelles.

— Marc Sangnier. — « La question est d'autant plus importante que certaines gens, quelle que soit la solution que nous adoptions, trouveront toujours à nous critiquer. Il est difficile de donner une ligne de conduite générale. Ce qui importe surtout c'est de sauvegarder l'esprit des œuvres que l'on crée. Souvenons-nous bien que, de toute façon, c'est notre esprit qui doit rayonner, pénétrer les milieux adverses, que les œuvres soient, dans leur composition et leur recrutement, confessionnelles ou non. » (??)

Le caractère confessionnel réclamé par les Souverains Pontifes pour les œuvres fondées par les catholiques est en parfaite harmonie avec leur doctrine sur la solution des questions sociales et le salut qui, selon eux, sont dans l'influence de la religion, dans de sages institutions, la résignation et la charité.

Selon eux, l'état social présent n'est pas à bouleverser, mais à améliorer. Tout autres sont les vues et le dessein du Sillon. Il n'a d'autres mots à la bouche, il ne trace d'autre programme que celui de la *société future*, par opposition avec la société actuelle qui doit crouler. C'est son thème le plus habituel (2).

(1) *Le Sillon.*
(2) Voir les conférences d'enseignement social (*le Sillon*, 10 avril 1905) et plus haut p. 150.

Aux déclarations déjà citées joignons celles-ci, avec leurs développements authentiques :

Au Congrès du Mans, on discute pour et contre les coopératives. M. Marc Sangnier intervient par ces paroles :

Marc Sangnier : — « Tous les griefs des adversaires des coopératives se résument, d'une façon générale, à ceci : les coopérateurs n'y trouveront pas grand profit et ils auront supprimé sans pitié une classe digne d'intérêt. C'est envisager la coopérative au seul point de vue de l'intérêt pécuniaire. Mais, au fond, le but de la coopération n'est pas la recherche d'un profit plus ou moins grand. C'est un moyen de *renouveler la société* (1). »

Au Congrès national de Paris (février 1905), il pose la question dans les mêmes termes :

« Marc Sangnier intervient alors en faisant remarquer que nos camarades de toute la France attendent du Congrès qu'il donne une orientation générale au mouvement coopératif qui doit sortir de la vie du Sillon. La question qui se pose en premier lieu est donc de savoir si les coopératives doivent tendre à transformer la société ou simplement à fournir aux prolétaires une amélioration matérielle immédiate. Est-il à souhaiter, en d'autres termes, que le régime coopératif se substitue au régime du salariat et du patronat ? Au Congrès d'indiquer si c'est dans ce sens que nos amis doivent orienter leur effort (2). »

La suppression du patronat et du salariat, la transformation de la propriété, il ne faut pas moins, en effet, pour le triomphe de la démocratie humanitaire rêvée par M. Marc Sangnier.

(1) *La Gerbe du Maine*, numéro spécial, p. 42.
(2) Compte-rendu du Congrès, p. 76.

Dans son discours prononcé en réunion publique, au manège Saint-Paul, le 26 février 1905, on lit :

« La démocratie, c'est la possibilité pour chacun de travailler avec toutes ses énergies en vue du bonheur de tous...

« Nous voulons donc, camarades, arriver à développer dans les milieux ouvriers français assez de conscience, assez d'énergie vitale pour qu'ils se trouvent possesseurs de l'influence et des pouvoirs qui ne seront plus exclusivement réservés à une caste ou à une classe fermée... »

« Vous sentez dès lors que ce patronat et que ce salariat, contre lesquels s'irritent inutilement les socialistes et les révolutionnaires, tendront à disparaître et à se modifier, le jour où nous aurons créé, dans le cerveau des prolétaires, cette force vivante qui leur permettra de partager toutes les responsabilités parce qu'ils seront suffisamment conscients pour cela...

« Voilà pourquoi le développement du mouvement coopératif nous apparaît comme une marche lente, mais sûre, vers une société meilleure...

« De même, camarades, notre démocratie a comme forme politique, très évidemment, la forme politique qui ne délègue pas un seul homme pour représenter et incarner à perpétuité, par l'intermédiaire de tous ceux qui le suivront dans sa race, l'idéal de la nation.

« Le pouvoir nécessaire, ce pouvoir que nous ne voulons pas détruire, nous entendons le partager, que dis-je ? le multiplier si bien que chaque citoyen se sentira responsable, non seulement de ses intérêts personnels, non seulement des intérêts de sa profession, mais encore des intérêts de la patrie, plus encore, de l'humanité tout entière (1). »

M. Marc Sangnier avait dit encore au Congrès du Mans :

(1) Compte-rendu, pp. 94, 95.

« En réalité, la coopérative ne supprime pas le patronat, mais elle tend à faire de tous des patrons (?) et, par suite, des responsables, des conscients. C'est de cette façon qu'elle prépare la démocratie (1). »

« La coopération amènera petit à petit une transformation du système de la propriété : nous savons bien que le système actuel ne durera pas toujours (2). »

Le rapport sur les coopératives présenté au Congrès national de 1905 porte :

« Nous nous refusons, en effet, à considérer comme parfaite et intangible la société dans laquelle nous nous trouvons. On peut considérer comme nécessaire, dans une certaine mesure, la concurrence économique, comme la loi de la chute des corps en physique ; mais les lois naturelles, qu'elles soient de l'ordre physique ou de l'ordre économique, peuvent être bonnes ou mauvaises, suivant l'usage qu'on en fait.

« C'est pourquoi nous voulons que le capital et la concurrence, cessant d'être, comme ils le sont à l'heure actuelle, des germes de guerre et des instruments de despotisme, servent à accroître la somme de bien-être et d'harmonie dont l'humanité a besoin (3). »

Ici le rapporteur nous fait remarquer, dans une note savante et suggestive, que saint Ambroise et saint Basile, « allant beaucoup plus loin, semblent nier la légitimité de la propriété individuelle ».

A Roubaix, dans une conférence contradictoire

(1) Compte-rendu, p. 45.
(2) Discours de M. Marc Sangnier, en réunion contradictoire, au Congrès d'Épinal. Compte-rendu, p. 51.
(3) Vœu de Rennes : le Congrès affirme qu'il y a lieu de travailler à substituer au régime capitaliste actuel, basé sur l'individualisme, un régime basé sur la solidarité et la justice. Il donne la coopération comme moyen à employer. (Congrès de Rennes, 13 mars 1904.)

avec M. Jules Guesde, M. Marc Sangnier entre ainsi en matière :

« Répondant immédiatement à M. Guesde, M. Sangnier estime qu'il n'y a que des esprits bornés qui puissent croire à l'immutabilité des formes de la propriété. Il juge que, comme l'esclave et le servage, le salariat disparaîtra et que le patronat fera son temps... Lui aussi, il croit que l'avenir nous réserve une organisation sociale meilleure, plus humaine.

... « Le capitalisme disparaîtra par la force des choses, comme la féodalité a disparu (1). »

Et plus loin : « La lutte est moins entre deux classes qu'entre deux esprits : l'un révolutionnaire au sens étymologique du mot, l'autre rétrograde. On les trouve dans toutes les classes de la société. Pour nous, nous sommes imbus de l'esprit de réforme et de progrès et nous espérons *de notre foi chrétienne* l'émancipation la plus prochaine de la classe ouvrière tant au point de vue économique qu'au point de vue intellectuel. Nous désirons grouper une élite prolétarienne qui prépare l'avènement de la justice sociale et qui trouve dans le Christ libérateur la force d'émanciper et de régénérer la démocratie française. »

Quels seront les bons collaborateurs de cette émancipation ?

Nous citons la lettre de Mgr Turinaz :

« A propos de la conférence de Roubaix, *la Croix du Nord* disait : « L'orateur n'a-t-il pas mis dans le même sac et les syndicats ouvriers et les syndicats qui, selon lui, sont entre les mains des patrons et dirigés à leur profit ; les syndicats mixtes ? »

« Le Sillon n'est pas favorable aux syndicats jaunes, ou mixtes, qui cependant peuvent seuls résoudre la

(1) *Le Journal de Roubaix*, 11 mars 1905.

question ouvrière et sociale par l'entente entre les patrons et les ouvriers et entre les classes sociales, entente tant recommandée par Léon XIII. En réalité, il favorise les syndicats rouges, dont nous constatons de plus en plus dans la France entière les odieux attentats.

« Il y a quelques mois, un des membres les plus influents du Sillon dans cette région traitait dans une conférence les syndicats jaunes de traîtres. L'impression a été déplorable et funeste pour le Sillon...

« *L'Est Républicain*, rendant compte du Congrès du Sillon à Nancy, s'exprime en ces termes :

« On parle ensuite syndicats. M. Marc Sangnier déclare que les *sillonnistes* ne sont pas opposés en principe à entrer dans les syndicats rouges, mais qu'ils veulent avoir la promesse qu'on n'y fait pas de politique, ni d'anticatholicisme, ni d'antimilitarisme.

« M. Boudoux demande alors à M. Sangnier si le Sillon est prêt à appuyer les revendications touchant la journée de huit heures?

« M. Sangnier répond que sur le terrain économique le Sillon peut donner son concours aux socialistes.

« M. Boudoux paraît content. »

« Nous ferons seulement deux réflexions. Demander aux syndicats rouges « la promesse qu'on n'y fait pas » ou qu'on n'y fera pas de politique, d'anticléricalisme et d'antimilitarisme est se payer d'illusions et de rêves et c'est vouloir être trompé par des promesses qui évidemment ne seront pas tenues. Même ces conditions seraient-elles remplies, il n'en reste pas moins que les syndicats rouges sont les agents avoués du socialisme. Aussi M. Sangnier déclare que, sur le terrain économique, le Sillon peut donner son concours aux socialistes, c'est-à-dire au socialisme, répétons-le, condamné absolument par Léon XIII, en particulier dans toute une partie de l'Encyclique *Rerum novarum*. »

Au congrès sur l'Esprit démocratique, l'I. P. du

Ve, on met en discussion de savoir s'il y aura *des classes* dans la démocratie ?

« Les classes devront-elles subsister dans une démocratie ?

« Il faut, dit quelqu'un, une égalité morale.

« *Marc Sangnier proteste ; il ne s'agit pas seulement d'une égalité théorique,* il faut faire passer dans les mœurs tout ce qui peut y passer des idées chrétiennes... (1). »

Le Sillon disait, dans son numéro spécial du 2 août 1904 : « Le Sillon *veut réaliser entre tous, sans distinction de métiers ni de milieux sociaux et en dehors de toutes les conventions étroites et malfaisantes,* une camaraderie active et militante. »

En bonne démocratie, le patron devra se faire tutoyer par ses ouvriers (2).

M. Marc Sangnier, dans le chapitre de *l'Esprit démocratique* où il fait appel à la femme, à la famille : « Et ces barrières meurtrissantes qui séparent les hommes ? est-ce assez de les avoir détruites entre quelques isolés ? ne faut-il pas justement les supprimer entre ces familles nouvelles, invinciblement attirées vers l'avenir qui, grâce à elles, germe déjà, rédempteur, dans le présent mauvais. Si l'on n'a pas le courage d'aller jusque-là, autant presque retourner tout de suite en arrière : on éviterait ainsi des regrets, des remords, peut-être, et la hantise cruelle d'un monde meilleur, que l'on ne s'est pas senti la force de soulever sur ses épaules trop débiles. »

Mettons fin à ces citations par ce passage sur l'affranchissement de la démocratie, dans le discours au manège Saint-Paul (26 février 1905) :

(1) *Le Sillon*, 25 juillet 1904.
(2) Voir appendice, p. 190.

« Nous voudrions faire plus et commencer à organiser la démocratie non seulement en nous-mêmes, en nous libérant des préjugés, des partis-pris et des convictions, mais déjà, autour de nous, en organisant matériellement l'embryon de *cette cité future* que nous rêvons. Voilà pourquoi, depuis quelques mois, le Sillon s'occupe activement d'œuvres économiques. Il s'agit de libérer les syndicats de la pression des politiciens sectaires qui en font des armes d'anticléricalisme et de jacobinisme. Il s'agit aussi de libérer d'autres syndicats, composés souvent de bien braves gens, de ces ingérences patronales qui feraient du syndicat une arme, non pour l'amélioration du travailleur, non pour la réforme de la société, mais pour le maintien du « statu quo », ayant pour unique raison de s'opposer au mouvement des rouges, étant essentiellement anti-socialistes. *Or, il n'y a rien de plus maladroit et de plus humiliant que d'être anti-socialiste.*

« En vérité, camarades, *ne nous groupons pas pour combattre le socialisme*, mais parce que nous avons un idéal positif que nous voulons réaliser. *Nous ne voulons pas détruire le socialisme, nous voulons l'assainir, le transformer, l'absorber dans le grand mouvement de la démocratie française* (1). »

M. l'abbé Gayraud a écrit récemment une brochure sous ce titre : Un catholique peut-il être socialiste?

C'est une étude doctrinale. La question y est posée en termes excellents.

« Il s'agit ici, dit-il, du catholique fidèle, c'est-à-dire de celui qui croit et qui accepte effectivement pour règle

(1) Comme le fait remarquer Mgr Turinaz, le Sillon avait bien raison de fêter solennellement cette année l'anniversaire de l'Encyclique *Rerum novarum.*

de sa foi l'enseignement infaillible de l'Église romaine, encore qu'il ne conforme pas toujours, en pratique, sa vie et ses croyances et néglige d'observer les rites de son culte.

« Mais jusqu'où s'étend la règle de la foi et l'obligation de s'y conformer? Il n'est pas rare de rencontrer des catholiques qui s'imaginent que l'obéissance doctrinale est limitée aux définitions *ex cathedra* des conciles et des papes, c'est-à-dire aux actes du magistère solennel de l'Eglise. C'est là une erreur grave en matière de foi. L'infaillibilité du pouvoir enseignant institué par Jésus-Christ s'exerce, en outre, dans les actes du magistère ecclésiastique ordinaire, lorsque les conditions, depuis longtemps définies, de la tradition apostolique s'y trouvent vérifiées. De plus, ce serait manquer de cette docilité qui convient aux vrais fidèles, si l'on se dérobait obstinément à la direction doctrinale que les évêques et les papes, sentinelles vigilantes éclairées d'en haut, impriment à l'Église dans certaines circonstances, en face de nouvelles erreurs ou de tendances hétérodoxes.

« Ainsi l'enseigne expressément Léon XIII, à la suite de la constitution dogmatique vaticane *Dei Filius*, dans l'Encyclique *Sapientiæ christianæ* sur « les principaux devoirs des chrétiens », du 10 janvier 1890.

« D'où il résulte qu'un catholique fidèle doit réprouver non seulement ce que l'Église condamne par un acte solennel ou par son magistère universel et ordinaire, mais, en outre, ce qui vient à l'encontre de l'impulsion donnée par l'autorité religieuse à la pensée chrétienne.

« Ce catholique peut-il être socialiste ?

« Qu'est-ce qu'un socialiste ?

« Ce terme ne présente pas pour tout le monde un sens clair, nettement défini, sans équivoque, comme celui de catholique. On peut dire cependant que son acception première et naturelle comporte *l'abolition de la propriété privée et le régime de la communauté des biens*, sans rien déterminer ni des diverses formes possibles de ce régime, ni des divers modes possibles de son établissement, ni des solutions à donner aux multiples problèmes sociaux que soulèverait cette révolution économique...

« Qu'est-ce qu'un catholique est libre de penser en matière d'opinions économiques qualifiées de « socialistes »? *Il va sans dire, on le verra bien, que je n'approuve pas tout ce que je déclare théologiquement libre pour un catholique.* »

M. l'abbé Gayraud dégage l'idée essentielle du socialisme des raisons sur lesquelles ses plus bruyants propagateurs prétendent l'appuyer :

« Il me semble que l'essence du socialisme c'est d'être une doctrine communiste ayant pour objet d'organiser la vie économique de l'homme en société. Tout le reste, à savoir la politique, la philosophie, la science, la libre pensée, l'irréligion, lui serait extérieur et adventice. »

Il établit, d'autre part, que « ce n'est pas seulement la partie anti-catholique de la philosophie et de l'irréligion du socialisme qui a été condamnée par les papes ou des actes répétés de leur magistère doctrinal, encore que ce ne soit pas sous la forme rigoureuse des jugements *ex cathedra;* c'est en outre la thèse économique communiste de la suppression de la propriété privée.

« Le devoir du catholique fidèle apparaît donc clairement. Il ne peut approuver un pareil communisme. »

Comparez avec cette définition du socialisme celle qu'en donne M. Marc Sangnier.

Il se réfugie dans l'équivoque, en déclarant qu'il

le fuit, et s'arrange de façon à ne pas se mettre en opposition avec le socialisme dans les questions sociales. Il ne le rejette que comme système moral et religieux.

Certains, qui se complaisent à employer les expressions vagues et impropres, désignent par socialisme toute critique de l'organisation sociale actuelle, toute tentative de transformation (1), tout effort vers plus de justice et de solidarité. Evidemment, nous serions en ce sens très fiers d'être accusés de socialisme, mais il importe de donner autant.....

Tout d'abord — nous n'entrons pas bien entendu dans le détail des différents programmes souvent contradictoires et nous voulons *nous en tenir à l'essentiel* — le socialisme apparaît comme en lutte de plus en plus ouverte avec toute idée chrétienne et surtout avec la foi catholique qui reconnaît dans l'Église non un vague et inconsistant assemblage de bonnes volontés religieuses, mais une société spirituelle véritablement *organisée*, une *société parfaite*, comme on dit en théologie. Le socialisme moderne tend à aller plus loin. De plus en plus il usurpe sur le domaine religieux et moral, il devient une conception intégrale de la vie. Dès lors, évidemment, de telles prétentions le rendent inadmissible...

Que si, maintenant, nous nous rencontrons sur bien des projets de réformes immédiates avec les socialistes; que si, d'ailleurs, certains d'entre eux, renonçant à une systématisation de doctrines et à toute préoccupation

(1) Personne n'a jamais appelé socialisme *toute* critique de l'organisation sociale actuelle, *toute* tentative de transformation. Mais on appelle socialisme *une certaine* critique, *certaines* tentatives. Selon sa méthode presque invariable, M. Marc Sangnier, au lieu de prendre *la contradiction* de la proposition qu'il contredit, va chercher *le contraire,* qui lui donne raison à bon compte. *Toute* critique, *toute* tentative ne mérite pas le nom de socialisme, donc *aucune* critique de l'organisation sociale actuelle, *aucune* tentative de transformation ne constitue le socialisme. La voilà, l'équivoque. Or, je le répète, elle est passée presque à l'état de méthode chez M. Marc Sangnier.

métaphysique, rétrécissent leur activité à la réalisation d'immédiates réformes, nous ne saurions sans doute que nous en réjouir. Et après tout, ne suffit-il pas de dire : « Telle idée est juste, défendons-la ; telle loi est équitable, soutenons-la », sans se soucier d'autre chose ? Le catholicisme a une force divine qui lui permet d'être la vivante synthèse de toute justice et de toute vérité, c'est l'universel bercail auquel il faut ramener toute idée qui, par quelque chemin que ce soit et à travers même les ténèbres de l'erreur, vient de Dieu.

Quant à nous, sans nous attarder aux vaines et inutiles polémiques, nous nous efforcerons toujours de faire *œuvre positive*. Nous dirons à tous, à ceux de droite comme à ceux de gauche : voilà ce que nous sommes ; jugez-nous d'après nos actes : la meilleure manière de vous décrire notre démocratie, ce sera encore de la faire et de vous la montrer (1).

Conclusion : le Sillon reconnaît se rencontrer avec les socialistes sur beaucoup de points. Pas de polémiques avec eux ; *car le catholicisme est la synthèse*. Quant à l'Encyclique *Rerum novarum*, elle commence bien à ressembler à une vaine et inutile dispute.

Mais, observe M. l'abbé Gayraud, il y a lieu de distinguer l'anticapitalisme absolu, universel, d'un autre anticapitalisme, d'un collectivisme *édulcoré, embourgeoisé*, qui n'est point universel ni absolu, et qui se répand beaucoup aujourd'hui.

Ce n'est plus la suppression absolue, universelle, du capital ; c'est le remplacement du capital *privé* par le capital *collectif*.

Ce socialisme modéré repousse l'appropriation privée des *moyens de production* et il veut y substituer la mise en propriété collective de ces moyens : biens-fonds, ateliers, machines... La propriété privée des *moyens de*

(1) *Le Sillon. Esprit et méthodes*, p. 30.

consommation ou de jouissance n'est pas et ne peut pas, selon lui, être supprimée.

A la rigueur, pense M. l'abbé Gayraud, la distinction entre les fruits du travail personnel, ou les biens consomptibles par l'usage, et les moyens capitalistes de production et de répartition, pourrait suffire à sauvegarder les principes. Léon XIII et Pie X se sont prononcés avec raison sur certains principes de droit naturel et divin, ils n'ont pas fait cette distinction par laquelle la force de quelques arguments antisocialistes se trouverait émoussée.

Le droit naturel de propriété n'est plus en cause, il peut même s'étendre jusqu'aux « moyens capitalistes », eux-mêmes, car l'école de Marx admet la propriété corporative capitaliste.

Le socialisme ainsi entendu comporte donc une atténuation considérable du communisme d'autrefois.

La collectivité propriétaire à laquelle pourraient appartenir les moyens capitalistes de production et de répartition serait triple, selon certains socialistes : l'État, la commune, une association. C'est un point de grande conséquence que d'admettre, dans la société socialisée, des associations propriétaires de capitaux. Ce socialisme *modéré* ne prétend donc abolir et interdire que la propriété privée *individuelle* des « moyens capitalistes ». Mais par l'entremise de la corporation, de l'association, la propriété des « moyens capitalistes » eux-mêmes se trouve maintenue.

Ni le droit naturel, ni la doctrine catholique ne s'opposent à ce que l'État et la commune soient propriétaires de moyens de production et de circulation. L'Église n'en repousse pas le principe ; et, d'autre part, un certain socialisme modéré admet des collectivités propriétaires de « capitaux » en dehors de l'État et de la commune...

En outre les biens consomptibles, « ceux dont on ne peut user sans les détruire en totalité ou en partie », par exemple, la monnaie, les aliments, les vêtements, et tout ce qui ne donne pas au possesseur la faculté de dominer, d'exploiter, de spolier les autres », comme la brouette du paysan et l'aiguille de la ménagère, l'habitation aussi, sans doute, et les instruments de travail individuel, ces biens consomptibles, on admet pour eux l'hérédité, et quand on parle d'usage *personnel*, on n'exclut pas l'usage *familial*.

En sorte que la seule propriété individuelle abolie par le socialisme, c'est la propriété qui « produit automatiquement rente ou intérêt et qui permet au propriétaire de rejeter sur autrui le fardeau du travail ».

D'autre part, les catholiques ne nient pas du tout qu'il y ait parfois nécessité ou utilité publique à ce que les communes ou la nation deviennent propriétaires et chefs d'entreprise, même avec monopole; ils ne soutiennent pas non plus qu'il soit contraire au droit naturel ou au droit divin de rendre propriété collective de l'État, de la commune ou d'une corporation de travailleurs, certains « moyens capitalistes » qui fonctionnent aujourd'hui : par exemple, les chemins de fer, les raffineries de pétrole ou de sucre, les distilleries d'alcool, etc...

Allons jusqu'au bout. Quel est le principe justificatif et directif de la désappropriation et de la socialisation communale ou nationale de biens particuliers? C'est l'intérêt général du peuple : la socialisation est légitime lorsqu'elle devient nécessaire à la sauvegarde de l'intérêt national. Eh bien, cette maxime d'économie politique en quoi donc est-elle contraire à la doctrine de l'Église?

M. l'abbé Gayraud conclut cette argumentation, que nous regrettons d'avoir résumée si sèchement et si imparfaitement, en disant : Où est donc la contradiction entre ce socialisme modéré et la doctrine de l'Église? Pour moi, je n'en vois pas de formelle, de logique; et ce socialisme modéré ne me paraît pas théologiquement condamnable.

Cet aperçu sommaire éclaire les nouvelles doctrines économiques du Sillon, le terrain sur lequel il cherche la conciliation, et aussi les arguments qui appuieraient au besoin sa défense au point de vue doctrinal.

M. Marc Sangnier se défendra très légitimement d'être socialiste, même avec les restrictions qui, à la rigueur, sauveraient peut-être l'orthodoxie.

Mais on reste en droit d'estimer que, dans les questions sociales comme en d'autres, le désir de la conciliation avec les adversaires des principes catholiques l'entraîne à des concessions regrettables, propres à troubler les esprits et à favoriser l'erreur.

Assurément, le Sillon défend la propriété individuelle et privée comme un principe de droit naturel. Mais, premièrement, il devrait montrer plus de confiance dans sa valeur, dans la nécessité de le maintenir pour lui-même, au lieu d'étayer cette nécessité, chaque fois qu'il en parle, par des raisons d'opportunité qui l'affaiblissent.

« Et, même quand les associations des travailleurs posséderont les moyens de production, la propriété privée, croyons-nous, sera encore utile non seulement comme une extension légitime de la personnalité humaine, mais comme instrument de progrès et comme champ d'épreuve (1).

« Nous considérerons qu'un minimum de propriété — pourquoi, et de quel droit décrétez-vous ce minimum? — demeurera toujours nécessaire pour être comme le symbole, le relèvement extérieur et la sauvegarde de la liberté morale des individus, et par-dessus tout nous tenons à cette liberté morale (2). »

(1) Conférence contradictoire de Roubaix.
(2) *Le Sillon. Esprit et méthodes*, p. 31.

Est-ce qu'un symbole de propriété ne suffirait pas à ce symbole de liberté ?

En second lieu, en prônant la transformation de la propriété, la suppression du capitalisme, du patronat et du salariat, l'égalisation, sinon la suppression des classes, en agitant des questions aussi scabreuses devant les auditoires populaires, il se rapproche tellement des socialistes que nous sommes en droit de retenir contre lui les conclusions d'un démocrate, dont l'autorité devrait être pour lui d'un grand poids.

M. l'abbé Gayraud avait eu soin de noter, au début de son étude, qu'il était loin d'approuver ce qu'il présentait comme théologiquement défendable. Après avoir établi que la restriction apportée par le collectivisme modéré au droit de propriété privée individuelle, en ce qui concerne les moyens capitalistes proprement dits, n'apparaît pas formellement et absolument contradictoire avec la doctrine catholique, il ajoute : elle sera, si l'on veut et j'y consens, *antisociale*, *impolitique* et *dangereuse*.

Aussi, se retourne-t-il, en sociologue, contre ce collectivisme mitigé, pour défendre la propriété individuelle.

Antisociale, *impolitique*, *dangereuse*, telle nous paraît être, en effet, la présente action démocratique du Sillon.

Et pour une œuvre d'éducation populaire, peut-il y avoir rien qui la condamne plus fortement?

Christianiser la révolution, selon la parole d'un démocrate chrétien, et *absorber le socialisme* dans la démocratie régénérée par la foi, sont deux utopies semblables, gonflées de toutes les illusions du pire libéralisme.

En voulant donner une teinte de christianisme à la Révolution, satanique dans son essence, on ne pourrait aboutir qu'à révolutionner le christianisme.

En voulant transformer et absorber le socialisme, on n'atteindra que ce résultat, d'ébranler les principes sociaux, de fausser l'esprit du peuple et de faire, en définitive, le jeu des socialistes.

C'est, nous semble-t-il, une témérité prodigieuse ou, si l'on veut, une déplorable inconscience, c'est une gageure dont l'enjeu est effrayant, d'aller agiter devant le peuple des questions si hasardeuses, et de mêler devant lui à des théories économiquement très discutables, très scabreuses, ces choses sacrées : la foi religieuse et l'amour du Christ.

Oui, *antisociale*, *impolitique* et *dangereuse*, cette action démocratique, que des socialistes, tels que le libre-penseur et anticlérical Lapicque, après le Congrès d'Epinal, apprécient en ces termes :

« Marc Sangnier a parlé de la démocratie en vrai démocrate, il veut développer en chaque être humain la conscience individuelle et le sentiment de la responsabilité. Il parle *en socialiste;* pour lui, la propriété n'est *ni immuable ni intangible;* il a dit en propres termes que le *salariat disparaîtra comme a disparu le servage et l'esclavage*. Pas un appel à la tradition; tout pour l'avenir. L'idéal social exposé par Marc Sangnier étant le nôtre, nous, les quelques républicains présents, avons applaudi, c'était naturel; mais tout le parti de l'Église applaudissant aussi, *c'est là l'étrange*. »

Tout n'est pas vain et faux, non plus, dans l'article que le journal *la République de la Sarthe* consacrait au Congrès du Mans :

« M. Sangnier a eu beau nous affirmer que sa doctrine avait reçu l'estampille du Pape : il n'a convaincu personne.

« Le directeur du *Sillon* a du talent et de l'esprit, mais il manque de courage.

« Il jette par-dessus bord le dogme, le miracle, la révélation. La maxime du Christ « Aimez-vous les uns les autres » (laquelle, entre parenthèse, date de quelques siècles avant l'Évangile) lui paraît suffisante. Il relègue dans un coin de placard tout le bric à brac liturgique. Sa théologie se réduit à un vague protestantisme, à un christianisme dilué à la façon de Tolstoï.

« Qu'il prenne garde, pour deux raisons :

« D'abord, il habitue au raisonnement et à la contradiction des jeunes gens que lui amènent tout embrigadés les curés des paroisses. Il active leur émancipation intellectuelle. Il leur fait chanter la *Marseillaise* et les habitue à prononcer le mot République. Il prépare ainsi pour son parti bien des désertions.

« Ensuite, il fait évoluer une religion qui n'admet pas le progrès et que tous les Papes ont proclamée immobile et définitive. Il va jusqu'à dire, le malheureux, que le Pape est un simple *thermomètre enregistreur* (1) ! Il tend vers le *socialisme* qui a été proclamé par l'Encyclique du 9 novembre 1846 « invention pestilentielle ». Nous prophétisons qu'avant deux ans d'ici M. Sangnier sera excommunié... »

M. Marc Sangnier ne sera pas à bout d'arguments pour soutenir qu'il ne fait pas le jeu des socialistes, et que ses auditeurs chrétiens sortent de

(1) M. Marc Sangnier avait cru pouvoir recourir à cette singulière comparaison, pour expliquer que le Pape constate la foi existante dans l'Eglise, et ne la définit pas de lui-même.

telles discussions avec des idées plus claires, et des principes plus affermis.

Mais il est une position qu'il doit renoncer à tenir, c'est celle du catholique conformant son action sociale aux règles posées par les souverains pontifes Léon XIII et Pie X, et, à plus forte raison, l'exerçant au nom d'un catholicisme supérieurement entendu.

Non, sa démocratie n'est pas *un des aspects* de la démocratie chrétienne dont les Papes ont parlé, elle n'en a pas du tout l'aspect, elle est toute différente, par l'aspect et la réalité.

Et si M. Marc Sangnier est soucieux de rester fidèle à leurs instructions, qu'il médite, entre autres paroles pontificales, cette réponse de Léon XIII à M. Harmel, exaltant devant lui les espoirs de la démocratie chrétienne :

« Puisque vous venez de faire allusion à la démocratie, voici ce que, à ce sujet, nous devons vous inculquer :

Si la démocratie s'inspire aux enseignements de la raison éclairée par la foi*; si, se tenant en garde contre de fallacieuses et subversives théories, elle accepte avec une religieuse résignation et comme un fait nécessaire, la diversité des classes et des conditions; si, dans la recherche des solutions possibles aux multiples problèmes sociaux qui surgissent journellement, elle ne perd pas un instant de vue les règles de cette charité surhumaine que Jésus-Christ a déclaré être la note caractéristique des siens; si, en un mot, la démocratie veut être chrétienne,* elle donnera à votre patrie un avenir de paix, de prospérité et de bonheur. Si, au contraire, elle s'abandonne à la révolution et au socialisme ; si, trompée par de folles illusions, elle se livre à des revendications destructives des lois fondamentales, sur lesquelles repose tout l'ordre civil, l'effet immédiat sera, pour la classe ouvrière elle-même, la servitude, la misère et la ruine (1). »

Enfin, qu'il médite aussi le communiqué par lequel *l'Osservatore romano* précisait la portée de ces paroles :

« Le chef suprême du monde catholique vient de dire magistralement et clairement *quelle doit être, pour les catholiques, cette démocratie dont on parle tant aujourd'hui, même dans le camp catholique, dans le but louable de la rendre chrétienne et de la mettre au service de l'Église et de la société, mais avec le péril de passer, sans s'en apercevoir, dans le camp libéral et socialiste.*

« Le Saint Père Léon XIII a enseigné et expliqué comment les catholiques peuvent être démocrates, sans dire pour cela, comme l'ont prétendu quelques-uns, qu'on doit être démocrate pour servir efficacement les intérêts de l'Église et ceux du peuple. Dans le cas actuel, certains ont fait une fusion injustifiée entre la démocratie et les démocrates. »

L'organe du Souverain Pontife parle de mettre la démocratie au service du catholicisme. Le Sillon met le catholicisme au service de la démocratie.

Entre les deux conceptions, voilà la différence. Elle est complète.

Tant il est vrai que la démocratie du Sillon n'a rien de commun avec celle que l'Eglise avoue.

(1) Pèlerinage des ouvriers à Rome, le 7 décembre 1898.

APPENDICE I

« Par la mort »

« *Par la mort* » est un drame social composé par M. Marc Sangnier pour mettre ses idées en action sur la scène.

Sans hésitation ni réticence, nous émettrons le vœu que l'autorité ecclésiastique en interdise la représentation dans les œuvres de jeunesse catholique, comme blessant la morale naturelle et la morale sociale. On peut défier M. Marc Sangnier d'obtenir que l'archevêché de Paris l'approuve.

La thèse est que la Cause demande l'acceptation de tous les sacrifices. Elle est fort louable, mais le faux mystérieux dont elle s'enveloppe, et les aberrations qui en sont la conséquence donnent au Sillon une analogie très fâcheuse avec des sectes anciennement réprouvées par l'Eglise (1).

Accessoirement, le mépris ou la haine des patrons, le nivellement des classes, la lutte sociale, la négation du patriotisme, voilà les leçons que le peuple en tirera directement.

Rien n'était moins selon les vues de M. Marc Sangnier, dira-t-on. J'admets volontiers qu'elles sont dépassées par ce résultat; mais une œuvre dramatique se juge objectivement, et non sur les intentions que l'auteur invoque.

(1) Ce drame est la mise en action des théories exposées plus haut pp. 58 à 64.

Nous excuserons M. Marc Sangnier sur les siennes, quoiqu'il se plaise trop à jouer avec le feu pour être innocent de ses dégâts; mais cette nouvelle et décisive expérience achève de prouver que, s'il y a quelqu'un d'inapte à se faire éducateur social, c'est lui.

Il a voulu se montrer ici à l'œuvre. Une analyse détaillée montrerait qu'il n'y a pas, dans la vie dont il nous donne le spectacle, une situation de caractère, presque pas une parole qui ne détonne et ne choque, pas un sentiment qu'il touche sans l'outrer ou l'avilir.

Le héros du drame, Jean Mascurel, est, par hasard, ancien élève de Stanislas, comme M. Marc Sangnier, ancien polytechnicien comme lui. Il découvre que son père a manqué à un engagement envers ses ouvriers, et, sur-le-champ, il le renie, ni plus ni moins.

L'auteur n'a même pas su donner au prétexte d'un tel fanatisme le caractère d'une injustice évidente.

Un patron, sous le coup d'une crise imminente, par la menace d'une grève, par l'agitation socialiste et internationaliste, en face de la concurrence étrangère, se laisse arracher une augmentation de salaire et l'engagement de la maintenir pendant cinq années, quel que soit l'état de ses affaires. C'est le cas posé par M. Marc Sangnier. A-t-il examiné si cette promesse constitue une obligation de justice indiscutable et absolue?

Mais passons. Jean Mascurel, dans une explication avec son père, apprend que le fait est matériellement vrai : Mascurel avait promis, signé, et aujourd'hui il diminue les salaires, parce que ses affaires ne vont pas.

MASCUREL. C'est ainsi que tu parles à ton père? Tu dois le respecter d'abord. — JEAN. Je dois d'abord respecter la justice. — MASCUREL. Tu te révoltes?... — JEAN. Oui, contre l'injustice. — MASCUREL. Et, si c'est moi qui suis à tes yeux l'injustice, tu te révoltes contre moi? — Jean. Oui. — MASCUREL. Contre moi, ton père? — JEAN. Oui, contre vous.

Survient, un peu plus tard, un ouvrier, Jacques, celui

que Jean doit gagner à la cause, mais qui ne le connaît pas encore. Il est venu prier Jean de porter à son père une communication du comité de la grève.

— JEAN. Je ne puis me charger de cette communication, car je n'ai plus de rapports avec M. Mascurel. — JACQUES. Qui donc êtes-vous? Que faites-vous chez lui? — JEAN. J'étais son fils unique; maintenant je suis orphelin. —JACQUES. Quoi! le patron serait donc mort? Oh! monsieur, monsieur... (*il s'incline d'nn air géné*). — JEAN. Hélas! non, ce n'est pas de cela qu'il s'agit, il vit, mais il est mort pour moi.

Enfin Jean, qui a donné toute sa fortune aux ouvriers pour fonder une forge contre celle de son père. « Moi je n'ai plus de père; vous, vous devriez avoir le courage de n'avoir plus de patron », s'adresse à eux, à des étrangers, à des ennemis de son père, en ces termes : « Camarades, à partir d'aujourd'hui, je ne suis plus fils de patron. Je suis un orphelin et je vous demande de m'adopter. Le patron vous a trompés, moi je veux être le fils de la vérité. *Comment pourrais-je être le fils de cet homme?*

Où donc a-t-on pris que le zèle de la vérité, de la justice et du bien social des ouvriers autorise un fils à fouler si brutalement aux pieds la loi naturelle et les commandements de Dieu? Même si Dieu avait constitué personnellement M. Jean Mascurel justicier de son père, il serait encore coupable de se comporter comme le fait ce héros.

Naturellement, il se vante d'agir sous l'inspiration divine.

« Je serai plus fort que le monde. Si Dieu est avec moi, qui saurait m'arrêter?.. Je sens en moi des forces infinies. Je n'accepte pas l'injustice et le mal. »

Croyez-moi, monsieur Jean, vous ne trouverez pas un directeur de conscience qui ne vous oblige à accepter d'abord le Décalogue.

Au second acte, deux ans après, Mascurel père, auquel

un ami, partant pour l'étranger, avait souscrit d'emblée 400.000 francs pour une nouvelle société de tramways, apprend son retour inopiné. Or, pressé par ses embarras, il a engagé temporairement cet argent dans ses affaires. Atterré, il se rend près de son fils Jean, pour le prier de les lui prêter sur sa fortune personnelle, qu'il lui avait récemment remise.

JEAN. Quoi ? lui aussi, vous l'avez trompé, comme les ouvriers ? Même entre vous ? — (MASCUREL s'explique.) — JEAN. Toujours le mensonge, toujours. — MASCUREL. Ah ! Jean, tu es dur. J'aimerais mieux ta colère... Maudis-moi ! J'aime mieux cela. — JEAN. Je n'ai rien à dire, tout ce qui arrive devait arriver. C'est dans l'ordre. (Il se met à écrire.) — (MASCUREL continue à supplier, et représente à son fils qu'il se déshonore avec lui.) — JEAN. Moi, je suis un orphelin, vous savez, depuis deux ans. — MASCUREL se jette aux genoux de Jean, il pleure : Jean, ta mère, ta mère, souviens-toi de ta mère. — JEAN. Taisez-vous, taisez-vous. Ne prononcez pas ce mot-là.. Ma mère, ma mère, elle est à moi. — MASCUREL (les mains jointes et pleurant). Jean, Jean, je te supplie, je te supplie ! — JEAN (lui tendant un papier). C'est assez, c'est assez. Tenez. Voici ce que vous demandez. Votre honneur sera sauf. — MASCUREL. Quoi, c'est vrai, c'est vrai, tu veux bien ? Mais je suis sauvé ! — JEAN. Tant mieux !..

Ce héros, ce jeune saint proposé à l'admiration populaire, est simplement un monstre.

Quelque part que l'on fasse, chez l'auteur, à l'inexpérience de la scène, il paraît absolument invraisemblable qu'un homme de jugement sain ait pu y produire de tels personnages. J'en appelle à tous les critiques qui, même en dehors d'une préoccupation religieuse, ne s'appuieraient que sur la rectitude du sens moral, et je serais vraiment curieux de voir l'étude que M. Emile Faguet, M. René Doumic, M. Gabriel Audiat, ou d'autres, écriraient sur la moralité de ce drame.

L'Univers, qui aurait pu passer, l'hiver dernier, pour le journal de M. Marc Sangnier, en a publié une critique très mitigée, dont l'auteur, M. François Veuillot, n'a cependant pas pu se retenir d'écrire que c'est une œuvre *socialement inquiétante.*

Quel type de *patrons* présente-t-on au spectateur? un type unique qu'on cherche à montrer déloyal, injuste, sans dignité, sans intelligence. Le Sillon se ménage vraiment un beau et facile triomphe, en bornant les critiques de ses contradicteurs aux imbécillités qu'il fait débiter par ces patrons.

Comment M. Sangnier réalise-t-il ses idées sur les *classes* dans la démocratie?

JACQUES (l'ouvrier). Je vais leur dire que vous êtes tout à fait des nôtres maintenant. — JEAN. Des vôtres, oui, c'est ça! Alors ne m'appelle plus monsieur, tu peux bien dire Jean tout simplement; cela me guérira tout;... et puis tu ne me diras plus vous comme à un fils de patron, qui donc es-tu, toi? — JACQUES. Je suis Jacques Mercœur... Vous savez peut-être ça : c'est votre mère... qui m'a servi de marraine. — JEAN. Oh! ne dis pas votre mère, dis ta mère — tu dois me tutoyer — dis notre mère (!!!), c'est bien cela, car tu sais, elle était avec vous... — JACQUES. Dis, Jean (il lui prend la main), c'est donc bien vrai que tu es notre ami? — JEAN. Oui, c'est vrai, etc...

Le *patriotisme,* en ce qu'il a de plus pur et de plus respectable, prête, dans ce drame, à une basse caricature qui soulève l'indignation et le dégoût.

C'est un vieux grand-père qui nous est exhibé, — qu'on me pardonne l'expression exacte — tout à fait gaga — soignant un vieil aigle déplumé, qu'il pleure avec des plaintes d'idiot, quand il ne le voit plus. Après d'autres scènes où il a ainsi paru, lamentable, on nous le produit :

entrant en scène avec, accroché en bandoulière, un tambour. Il est devenu maniaque et un peu gâteux... il bat la charge : « Vive l'Empereur! Vive l'Empereur! Ce matin j'ai vu se lever le soleil d'Austerlitz... à Waterloo, ils ont failli m'écraser avec leurs caissons; mais je suis un malin, moi (il rit); j'étais derrière le petit caporal (il se redresse fièrement). Personne n'a eu la force de me tuer, moi. *C'est la Revanche! C'est la Revanche!* Battons la charge.» — Un instant après : « Conscrit (à un ouvrier), je sais où tu trouveras l'aigle. Va à Strasbourg; monte sur la cathédrale; en haut du clocher tu le trouveras. Il a les ailes ouvertes. Dépêche-toi, conscrit. Je veux le revoir avant de mourir. »

Tant qu'on ne m'aura pas démenti, je reste convaincu que les jeunes ouvriers auxquels on donne ce spectacle éclatent en huées sur l'auteur. Et s'il est vrai qu'ils l'applaudissent, malheur au pays où une jeunesse, réputée l'élite, bafoue ce qu'il y a de plus sacré!

Ici je m'arrête, mon esprit est envahi de mille pensées, au souvenir de ces lignes récemment écrites par M. Marc Sangnier : « Il doit sortir du Sillon tout ce qui sort de la vie, je veux dire une organisation sociale, une politique rajeunie et correspondant aux vraies réalités sociales, une adaptation nouvelle aux éternelles lois qui régissent les sociétés humaines, *et jusqu'à un art régénéré, expression de l'esprit et des sentiments de la démocratie future* (1). »

Naturellement, il fallait placer la théorie humanitaire du Sillon en opposition avec l'insanité de la Revanche.

JEAN (à voix basse, avec tristesse). — (Il parle toujours avec tristesse, à voix basse ou très basse, ou en pleurant.) — N'aie pas de peine, grand-père : nous te la ferons belle et sainte, ta France bien-aimée, nous te la ferons libre et fière, et l'Europe encore suivra sa loi, car *la France travaillera pour le monde, et deviendra l'humanité!* — LE CAPITAINE. Hardi, mon fils! C'est bien parlé!... Vive l'Alsace! Vous allez la reprendre... — JEAN (à voix très basse). Nous ferons bien mieux que reprendre un peu de terre, nous délivrerons la justice. — LE CAPITAINE. Mais elle, que deviendra-t-elle? Briserez-vous ses fers? — JEAN. Il n'y aura plus de fers s'il n'y a plus de haine. — LE CAPITAINE. Et la revanche, la veux-tu? — JEAN. Oui, la revanche sainte de la fraternité contre l'esclavage, de la justice contre l'oppression, de l'amour contre la haine. — LE

(1) *Le Sillon. Esprit et méthodes*, p. 83.

CAPITAINE. Quoi! Qu'est-ce que tu dis? Tu ne hais pas le Prussien?— JEAN. Je ne peux pas haïr.

M. François Veuillot dit avec justesse : Où donc M. Sangnier a-t-il vu que la revanche était un sentiment de haine? C'est au contraire une explosion d'amour, amour pour la patrie blessée, amour pour la justice outragée par des conquêtes brutales.—Toujours le faux évangile!

Voici le clou, la scène où l'ouvrier Jacques Mercœur, qui venait apporter la sommation du comité de la grève, est gagné à la cause.

C'est rapide, foudroyant.

Jacques a tutoyé le fils de son patron, et touché de plus en plus :

Tu voudras bien que je te parle un peu comme à un frère? — JEAN. N'est-ce pas, Jacques, que tu seras mon frère, non pas un peu, mais tout à fait?... Dis, tu as la foi, toi, j'en suis sûr, la même foi que moi, tu crois que Celui qui a ordonné : Aimez-vous les uns les autres, était un Dieu, tu crois que si ce doux Christ vainqueur habite dans nos âmes, elles ne font plus toutes deux qu'une seule âme? — JACQUES. Oui, je crois à Jésus, et notre bon curé, si bon surtout depuis que la grève a commencé, nous a dit qu'il fallait que le règne du Christ arrive et que c'est dans ce monde que nous devons travailler pour que sa justice vienne. — JEAN. Jacques, veux-tu être un homme? *Tu vois, il y a de la haine, du mal partout. On vous trompe, on vous ment. Les riches eux-mêmes se dévorent entre eux. Quand une âme pure naît par hasard dans cet enfer, elle en meurt de douleur. Veux-tu que cela cesse? Veux-tu briser le monde méchant qui nous écrase* (1)? Veux-tu être plus fort que la haine? Veux-tu laver la vieille terre souffrante dans le sang du Christ? Veux-tu qu'il y ait de l'amour partout? Jacques, veux-tu que nous fassions cela? — JACQUES. Oui, Jean, je veux! Oh comme tu sais trouver des mots pour dire tout ce que je ne peux que sentir. Tu me révèles à moi-même ce que j'osais à peine pen-

(1) *Le Sillon. Esprit et méthodes*, p. 83.

ser. Quand je t'entends parler, il fait clair dans mon esprit et chaud dans mon cœur. Ah! oui, Jean, tu n'es pas un patron, toi, tu es bien des nôtres. — JEAN. Jacques, est-ce que tu crois à l'Amour? — JACQUES (*fermement*). Oui, je crois à l'Amour. — JEAN. As-tu foi en la Cause? — JACQUES. Oui, j'ai foi en la Cause. — JEAN. Est-ce que tu donnes tout? — JACQUES. Tout. — JEAN (*d'un air triomphant*). — Merci, mon Dieu. Cette première rencontre est une preuve. J'ai confiance: nous vaincrons!

Ne se croirait-on pas sur le chemin de Damas? Encore Jésus-Christ parlait clairement à saint Paul.

Jacques Mercœur, que les familiers du Sillon ont déjà rencontré, est, il est vrai, habitué aux illuminations.

Si vous avez peine à comprendre que celle-ci l'ait renversé, lisez dans *l'Esprit démocratique* le chapitre: Comment Jacques Mercœur rencontra Dieu. Mais je vous préviens que vous ne serez pas plus avancé.

Faut-il s'en prendre à notre condition de profanes, incapables, comme on nous le dit, de pénétrer la vie intime et l'esprit du Sillon?

C'est une mauvaise plaisanterie et une piteuse défaite. Voilà plusieurs années que M. Marc Sangnier parle en public presque chaque jour; sa plume est aussi infatigable que sa parole; il écrit, publie, enseigne; professeur, conférencier, journaliste; il a émis une quantité de propositions dont le sens est malheureusement trop clair, qu'il a cent fois répétées, très cohérentes entre elles; et ceux qui l'ont patiemment suivi et écouté ne seraient pas reçus à résumer ses doctrines, parce qu'ils ne le comprennent pas?

Je ne voudrais pas finir sur un mot dur. Celui qui me vient sous la plume contient plutôt l'excuse qu'il devient nécessaire de trouver aux écarts de M. Marc Sangnier: Se comprend-il lui-même? Je veux dire: Sait-il vraiment ce qu'il veut et où il va?

APPENDICE II

EXTRAIT DE LA LETTRE DE MONSEIGNEUR TURINAZ A L'AUTEUR

Réponse aux objections

Voici enfin, très loyalement et dans toute leur force, les objections que l'on oppose à nos démonstrations.

« Mais, dira-t-on, le *Sillon* a reçu *de nombreuses approbations.* » Je réponds que ces approbations s'adressent directement aux intentions dont je vais parler bientôt, à des déclarations chaleureuses d'attachement à l'Église et de soumission. Mais ces approbations, quelque nombreuses qu'elles soient, ne peuvent pas supprimer les documents, les textes cités à chaque page. Elles ne peuvent faire que ces textes ne disent pas ce qu'ils disent, elles ne peuvent faire que ce qu'ils disent ne soit en opposition flagrante avec les enseignements et les ordres de Léon XIII et de Pie X sur la démocratie chrétienne. Elles ne peuvent faire que ces textes n'expriment pas des erreurs religieuses et sociales très nombreuses et très graves et tout un système qui ne peut conduire qu'aux plus fatales conséquences. Des approbations ne sont ni des démonstrations ni des réfutations.

Serait-ce indiscret de demander ce que valent ces approbations, si elles atteignent le système, la méthode, la démocratie du *Sillon? L'Egalité* du 11 mars 1905 écrivait, à propos de la conférence à Roubaix : « La religion, dit encore M. Marc Sangnier, ne doit pas être *mêlée au mouvement des idées.* Ce sont là deux choses bien différentes. *Les prêtres, les évêques, le pape lui-même doivent se préoccuper uniquement de leur sacerdoce.* »

Le Progrès du Nord du 11 mars, résumant le discours de M. M. Sangnier, écrit : « Ce n'est pas le pape, ce ne sont pas les évêques qui peuvent donner la solution de la question sociale. »

Combien les approbateurs doivent être touchés de l'autorité accordée à leurs approbations et de la reconnaissance de M. M. Sangnier !

On dit encore : « *Ces jeunes gens sont des catholiques pratiquants, ils vont à la messe, ils communient*, etc. » Mais dans tout le cours de l'histoire de l'Église, les dissidents qu'elle a dû repousser et condamner ont d'abord accompli ces devoirs, et presque tous avec les apparences d'une grande piété. La pratique de la religion ne se borne pas à ces devoirs ; on n'est pas vraiment catholique si l'on ne reste pas dans l'unité de la doctrine et de l'ordre établi par Notre Seigneur Jésus-Christ. On n'est pas vraiment catholique, quand on propage avec une ardeur et une audace que rien n'arrête, des doctrines et des associations condamnées par le Saint-Siège.

Les plus chaleureuses protestations ne sont pas plus puissantes que les approbations qu'elles obtiennent, elles ne peuvent détruire ni les textes ni les erreurs qu'ils expriment. D'ailleurs ce qu'il faut d'abord demander et exiger même au simple point de vue de la loyauté et de la plus vulgaire prudence, c'est que ces jeunes gens se mettent d'accord avec eux-mêmes, c'est qu'ils ne perpétuent pas une contradiction manifeste et déplorable entre les paroles et les paroles, entre les déclarations et les déclarations, entre les actes et les actes. Ne tenir aucun compte de pareilles contradictions, n'est-ce pas se bander les yeux et se condamner fatalement à être trompé ?

On nous oppose : « *Les intentions sont bonnes.* » Mais qui donc n'invoquait pas ses bonnes, ses très bonnes intentions parmi les révoltés contre l'Église et parmi tous les prétendus réformateurs d'Arius à Lamennais, pour ne pas parler du temps présent ? Qui donc proclame plus haut que les socialistes et même les anarchistes, leurs intentions parfaites et leur amour au peuple ? C'est donc la suppression de toute réfutation de l'erreur, de toute résistance aux bouleversements sociaux que vous voulez imposer en invoquant les bonnes intentions. Mais ces bonnes, ces très bonnes intentions, comment peuvent-elles s'accorder avec les paroles que nous avons citées, avec les erreurs démontrées, avec la propagande de pareilles doctrines? Quand les intentions sont bonnes, on réfute victorieusement les démonstrations opposées, ou bien on les accepte et on reconnaît ses torts.

« Ce sont des jeunes gens. Des expressions inexactes peuvent leur échapper; ils ne sont pas théologiens. »

Je reconnais tout cela, mais j'en conclus qu'il leur faut d'étranges et d'aveugles prétentions pour traiter de pareils sujets, répandre des doctrines qu'ils n'ont pas étudiées, vouloir enseigner tout le monde, répondre immédiatement à toutes les questions qui peuvent leur être posées, réformer la société et repousser d'une façon ou d'une autre, et avec quelle assurance et de si haut! tous ceux qui se permettent de ne pas penser comme eux. Ce chemin de l'orgueil est fatalement le chemin de l'abîme.

D'ailleurs il ne s'agit pas de quelques expressions, il s'agit d'un ensemble considérable et redoutable d'erreurs, il s'agit de résistances à des enseignements du Saint-Siège qu'ils ont vantés et qu'ils vantent avec enthousiasme en les méprisant et en les violant; il s'agit de la transformation de la société, il s'agit d'une propagande des plus dangereuses parmi le peuple. Quand on ne sait pas ou que l'on sait peu et mal, il faut apprendre, étudier, demander conseil et ne pas prétendre éclairer et sauver le monde.

« Il faut bien que les jeunes gens catholiques prennent part à la lutte religieuse et sociale et nous devons encourager leur ardeur. »

Personne n'a fait appel plus souvent que moi aux jeunes gens catholiques. Personne n'applaudit plus que moi à leur dévouement, pourvu qu'il soit sincère, et à leur ardeur, pourvu qu'elle soit disciplinée. Mais il s'agit, en ce moment, de ceux qui suppriment tout le passé, qui ont confiance en eux seuls et qui, faut-il le redire encore, compromettent par leurs erreurs, par leur méthode d'action, les intérêts de la religion, de l'Église et de la société.

Le *Sillon* n'est certes pas la seule association dans laquelle peuvent entrer les jeunes gens catholiques; les œuvres auxquelles ils peuvent consacrer leur ardeur sont nombreuses et ont fait leurs preuves, sans compter le concours si utile qu'ils devraient donner au clergé pour la fondation et la direction des patronages des jeunes gens, des associations chrétiennes d'hommes, etc.

A voir les choses de près, et sans être aveuglé par le parti-pris, quel résultat ont obtenu et obtiennent les conférences contradictoires du *Sillon*? Quand M. Marc Sangnier se trouve en présence d'homme d'une certaine valeur, il fait, comme à Epinal, des concessions très graves; et M. Lapicque, un des chefs de la libre-pensée, lui tend la main en lui disant, aux applaudissements des membres du *Sillon* : « Avec des catholiques comme vous, nous pouvons marcher la main dans la main. »

A Roubaix, l'auditoire, plus qu'étonné, ne voit de différence entre le collectivisme de M. Jules Guesde et la doctrine de M. Marc Sangnier que dans la préparation et le temps que réclame celui-ci. Ailleurs, on demande à M. Marc Sangnier de démontrer l'existence de Dieu. Il n'expose aucune des preuves traditionnelles de la philosophie et de la théologie catholiques; mais il enveloppe sa prétendue démonstration dans les nuages du kantisme et de l'immanence, de telle sorte que l'auditoire ne comprend pas plus que l'orateur lui-même et que l'avantage reste au contradicteur qui a enseigné l'athéisme.

Souvent on entend dans ces réunions une longue série d'accusations odieuses dirigées contre l'Église, de négations impies et de blasphèmes qu'applaudit une partie de l'auditoire...

Enfin on nous reproche *de créer des divisions parmi les catholiques*.

Vraiment, il serait interdit, sous prétexte de ne pas créer des divisions, de défendre la vérité, de combattre les erreurs les plus dangereuses, les révoltes les plus déplorables : c'est le monde renversé. Mais l'union dans l'Église catholique est-elle possible sans l'unité doctrinale et l'unité de gouvernement et de discipline? Les divisions, mais c'est le *Sillon* qui les suscite et les développe partout. Divisions dans tel diocèse où, en dehors des très rares adhérents du *Sillon*, l'union est parfaite, les œuvres très nombreuses et très prospères, et où le zèle du clergé et des principaux catholiques est admirable, le progrès religieux manifeste et éclatant, et où le *Sillon* vient braver les ordres si précis de Léon XIII et de Pie X sur l'obligation de toutes les associations catholiques de se soumettre aux évêques, où il vient braver et mépriser publiquement l'autorité épiscopale et les ordres des papes (1). Les divisions, le *Sillon* les crée parmi le clergé, parmi la jeunesse catholique, parmi le peuple des villes et des campagnes. Il les crée en repoussant tous ceux qui ne consentent pas à admirer sa république et sa démocratie et qu'il signale comme les ennemis les plus dangereux de l'Église. Il les crée entre les ouvriers d'une part, et, de l'autre, les patrons qu'il veut supprimer, entre les ouvriers eux-mêmes en favorisant les syndicats rouges, syndicats de la révolution et de l'internationalisme, et en blâmant les syndicats jaunes et tous les syndicats mixtes.

Ces divisions, il les crée, il les multiplie sur le champ de bataille, en face de l'ennemi pour lequel le *Sillon* est plein de bienveillance; ces divisions, il les prépare fatalement pour les élections prochaines qui décideront de l'avenir de la France. Et c'est à nous et non pas aux Sillonnistes qu'on fait le reproche de créer des divisions parmi les catholiques! Il faut entendre de telles paroles pour croire qu'elles puissent être dites, et ceux qui les disent sont jugés pour toujours. Vraiment le reproche qu'on nous fait, il faudrait le faire à ceux qui combattraient avec énergie l'antimilitarisme et l'antipatriotisme dans les casernes, l'antimilitarisme et l'antipatriotisme qui détruisent l'armée et qui perdent la France.

CONCLUSION

En présence des démonstrations que vous avez faites et que je viens de résumer, il ne peut y avoir de choix qu'entre deux partis. Il faut prouver que les textes si nombreux, cités à chaque page, sont inexacts ou qu'ils sont reproduits si incom-

(1) Pie X a rappelé plusieurs fois aux démocrates chrétiens d'Italie, en les menaçant de peines canoniques, l'obligation de ne rien faire contre l'autorité des évêques ou sans l'autorité des évêques. Quelques évêques et archevêques ont même défendu, sous peine de péché, de s'abonner aux journaux de ces démocrates, et aux prêtres, sous peine d'encourir *ipso facto* la suspense (vulgairement appelée interdit), de rédiger ces journaux ou d'y collaborer (Lettre du cardinal archevêque d'Ancone, Lettre de l'archevêque de Tarente). Je voudrais savoir si l'autorité des évêques de France n'est pas celle des évêques d'Italie, ou si M. Marc Sangnier a été dispensé d'obéir au pape, et de respecter les évêques, et qui lui a accordé cette dispense.

plètement que leur sens est modifié, ou il faut prouver que ces textes ne sont pas en opposition avec les enseignements et les ordres de Léon XIII et de Pie X, qu'ils n'expriment pas les erreurs religieuses et sociales qui ont été signalées, qu'ils ne préparent pas, par une méthode déplorable, des divisions qui conduiront fatalement aux conséquences les plus funestes à la religion et à notre pays? Ces démonstrations, personne ne les a faites et personne ne les fera.

Ou bien c'est l'autre parti qui s'impose. Il faut reconnaître que le *Sillon* ne peut être approuvé et soutenu, mais qu'il doit être condamné dans sa notion essentielle de la démocratie, dans sa méthode, dans ses moyens, dans ses erreurs, dans les divisions qu'il suscite, dans ses conséquences funestes et fatales. Tout cela est imposé, non pas seulement par l'esprit catholique, mais par la simple loyauté.

Quelques-uns s'étonneront de ces nouvelles luttes. J'accomplis mon devoir d'évêque. L'évêque est l'apôtre de la vérité, l'adversaire de l'erreur, le défenseur de la Sainte Église. Je n'ai contre les personnes ni antipathies, ni parti-pris ; je pourrais dire que je ne les connais pas. Pendant vingt-cinq ans j'ai combattu les attentats contre les droits et les libertés catholiques, j'ai protesté contre les concessions obstinées qui n'ont rien obtenu et qui ont tout perdu. Je combats de nouveau les attentats dirigés contre les vraies doctrines, contre l'union, la paix et la sécurité de l'Église et de la France. Plusieurs fois j'ai protesté contre les concessions faites au point de vue des doctrines et qui nous conduiront, une fois de plus, aux désastres et aux ruines.

C'est vous dire quelles sont pour votre brochure, si puissante et si opportune, mon approbation et ma reconnaissance.

TABLE DES MATIÈRES

Poitiers. — Imprimerie Blais et Roy, 7, rue Victor-Hugo.

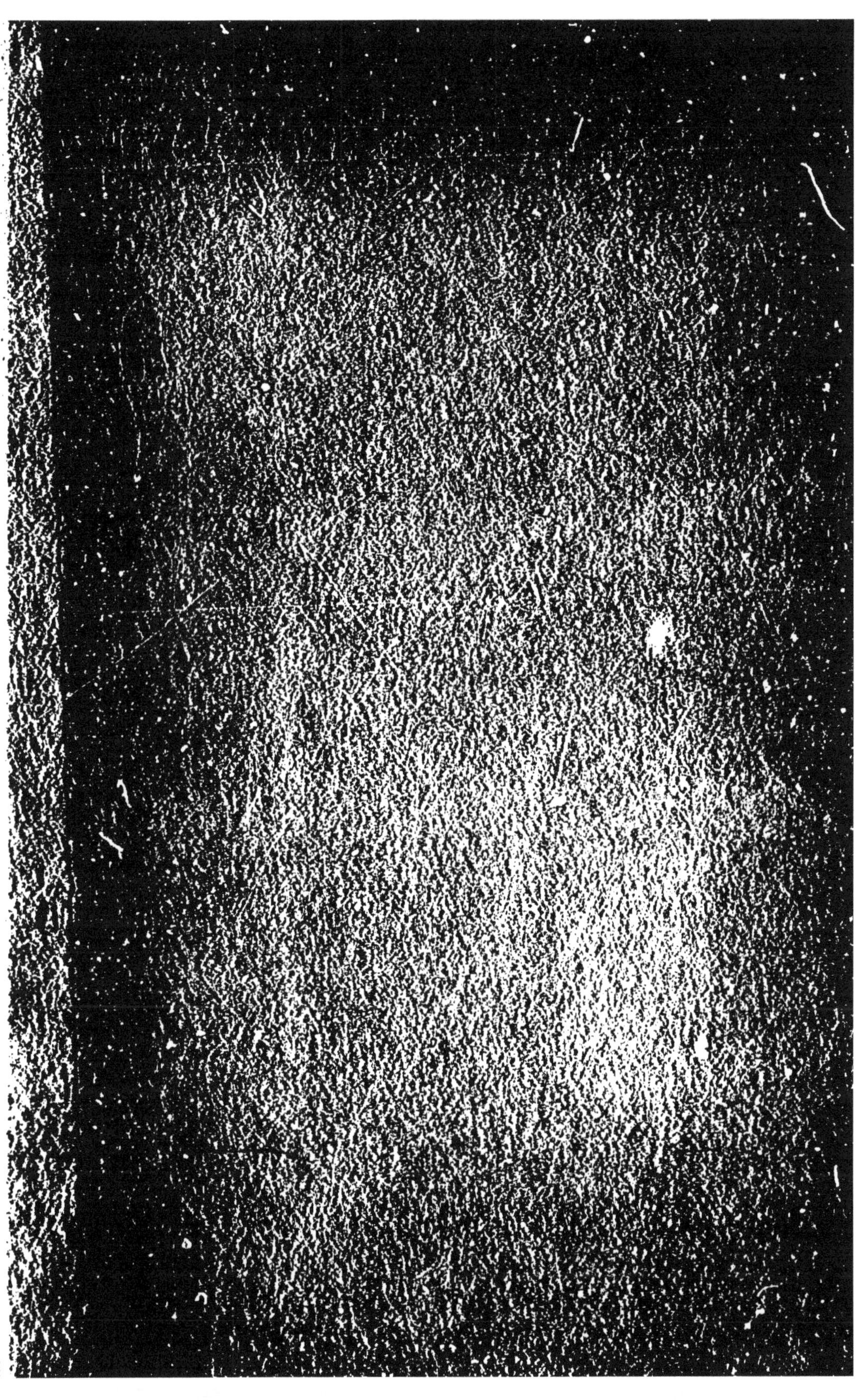

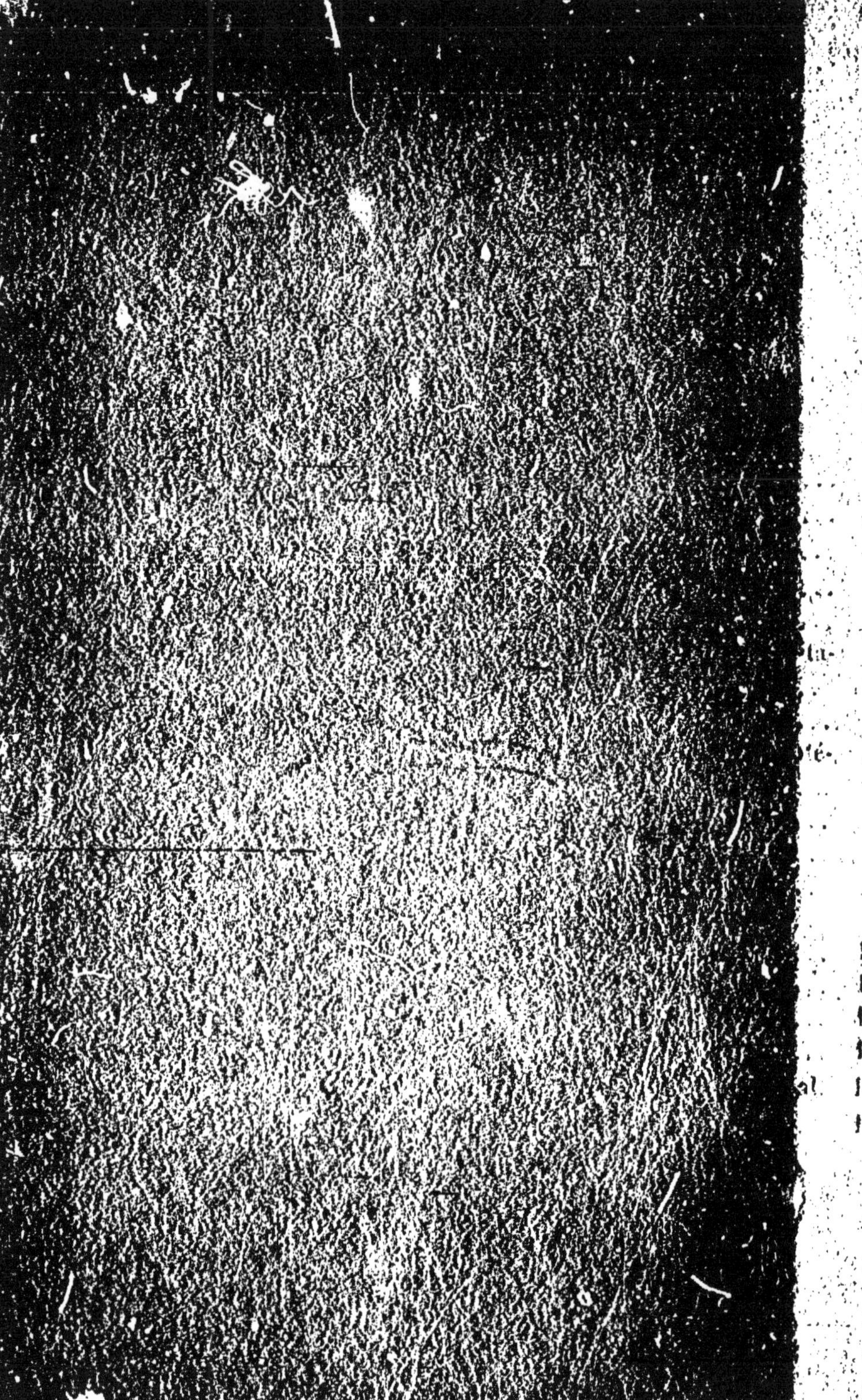

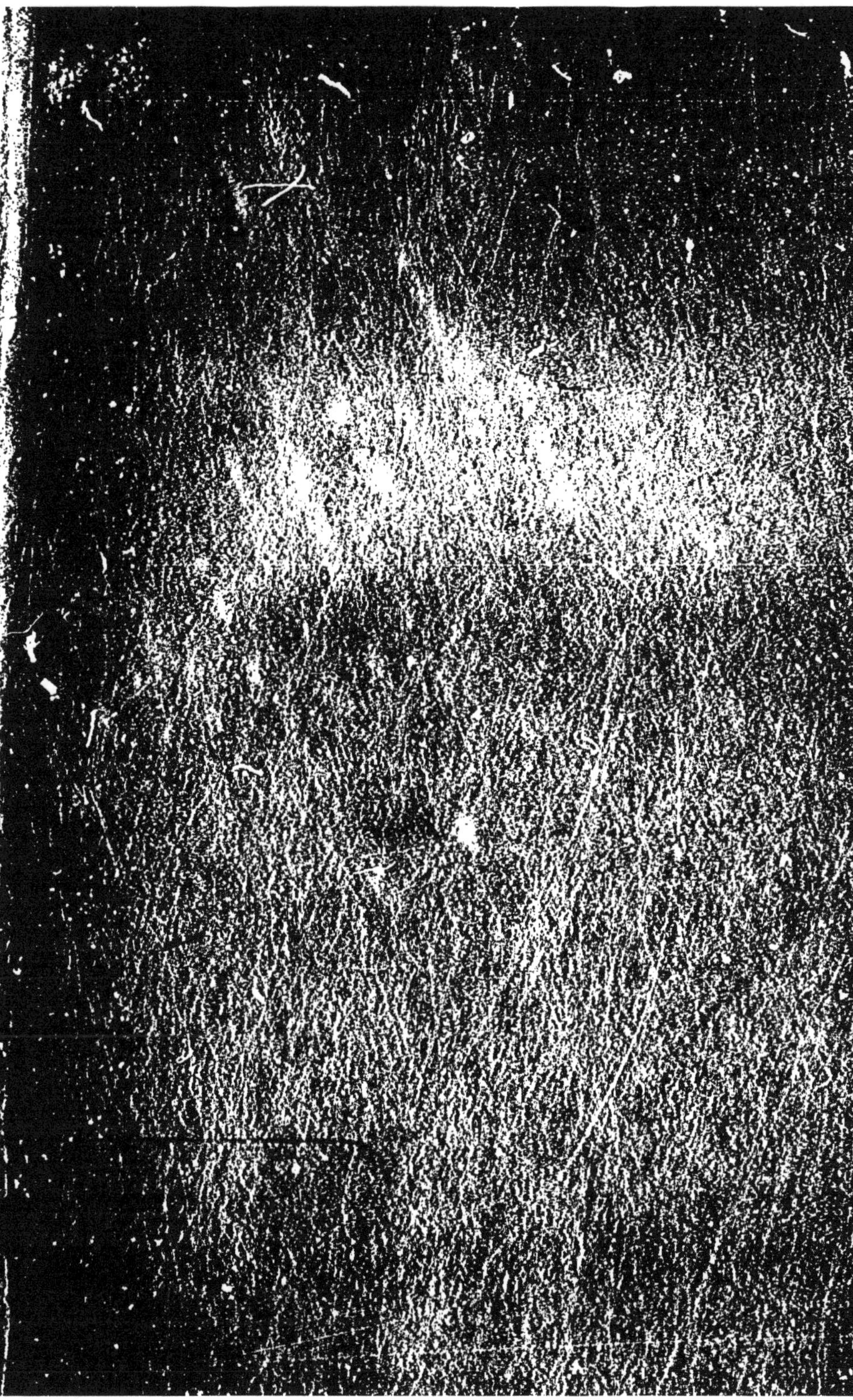

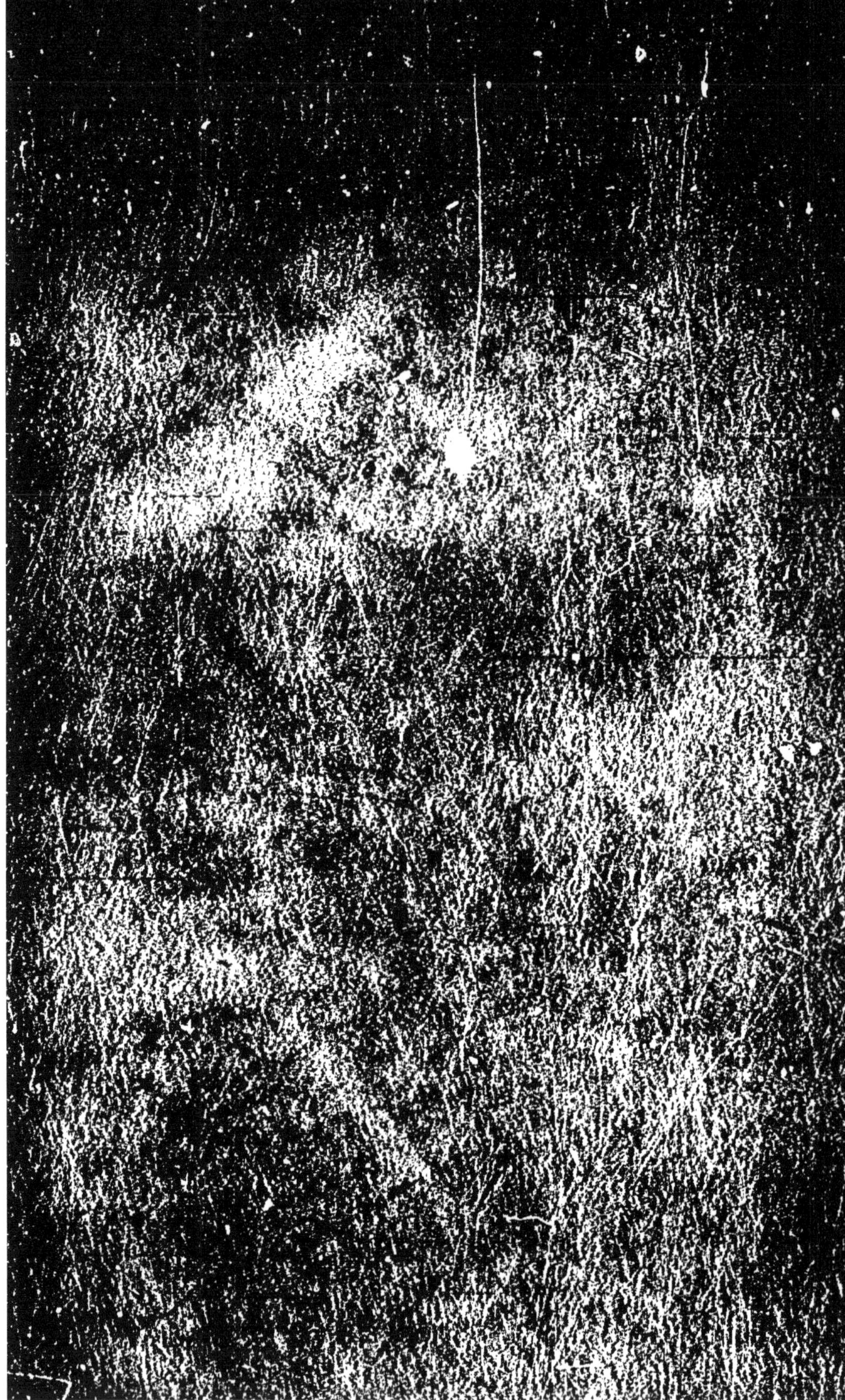

www.ingramcontent.com/pod-product-compliance
Ingram Content Group UK Ltd.
Pitfield, Milton Keynes, MK11 3LW, UK
UKHW020215250726
13967UKWH00003B/1476